順徳天皇

御製で辿る、
その凜烈たる生涯

山田詩乃武
Yamada Shinobu

洋子書

悲劇とは、一定の大きさをそなえ完結した高貴な行為の再現であり、叙述によってではなく、行為する人物たちによって行われ、憐みと怖れを通じて、そのような感情の浄化を達成するものである。

アリストテレス『詩学』

佐渡汽船が運航する「おけさ丸」船上より。航路は新潟─両津港（71頁、他）

風つよき甲板にして佐渡島に
わかれをしみて立ちつくしたり
昭和天皇
（二六〇頁より）

御還幸図（画 小山栄達）

順徳院が祀られている真野宮(本文各所)

佐渡飛鳥路の風情ある古刹、太運寺(たいうんじ)山門(86頁)

茅葺きの厚みが一層際立つ、雪景色の太運寺山門

院の佐渡での行在所（あんざいしょ）のひとつ、泉（金井地区）の黒木御所跡（106頁）

院、終焉の地・堂所行在所（どうどころあんざいしょ）に建立された石碑（148頁）

院の崩御後に、院が舟遊びをされていた舟が石になったと伝わる「御舟石（おふねいし）」。長さ約6メートル、幅約4メートルの巨石である（146頁）

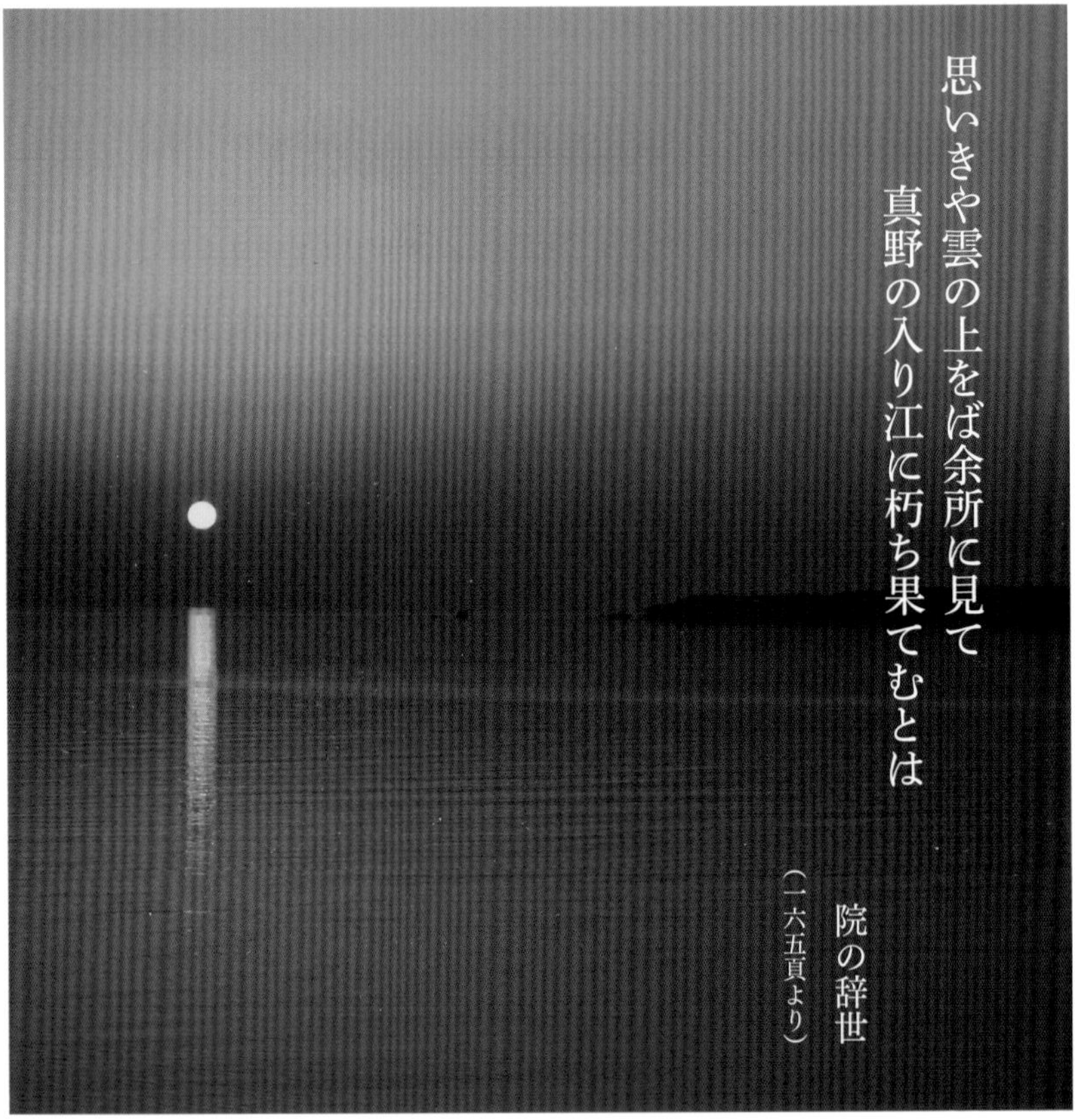
思いきや雲の上をば余所に見て
真野の入り江に朽ち果てむとは
院の辞世
（一六五頁より）
真野湾に沈む夕陽（165頁、他）

序

令和三年（二〇二一）は、承久《じようきゆう》の変が起きた承久三年（一二二一）から八百年という大きな節目の年にあたる。承久の変後について、歴史の教科書では「一カ月ののち、戦いは幕府の勝利に終わり、後鳥羽《ごとば》・土御門《つちみかど》・順徳《じゆんとく》の三上皇の島流しと仲恭《ちゆうきよう》天皇の廃位とが行われた。これが承久の乱である」と事実を簡単に記すのみである。事変の首謀者とされる後鳥羽上皇は〝治天《ちてん》の君《きみ》〟〝文化の巨人〟として名高いが、土御門上皇と順徳上皇のことを知る人はきわめて少ないと思う。

本文では私の郷里、佐渡に御遷幸《ごせんこう》された順徳上皇について専門的な観点からではなく、御遷幸後の真野御陵《まのごりよう》を中心とした佐渡のゆかりの地を辿るかたちで書き進めていった。さらに、順徳上皇の御製《ぎよせい》、順徳上皇を偲ばれ詠んだ人々の和歌や俳句、漢詩、随想を場面に応じて配散し、読者の順徳上皇への理解を喚起する一助になればと工夫した。

私の幼少期、実家からほど遠くない真野御陵や真野宮の周辺は子どもらには格好の遊び場だった。幼心《おさなごころ》に順徳天皇は身近にあった。しかし、順徳天皇がなぜこの島に来て、そして此《こ》の地で不帰の人となったのかは知る由《よし》もなかった。家人や町の年寄りはとても尊い方が祀《まつ》られている所であると話していた。

佐渡出身あるいは関わりの深かった興味深い先人たちを尋ねている。時代は問わない。[1]北一輝、[2]本間雅晴、[3]土田杏村、[4]長谷川海太郎、[5]益田孝、[6]高田慎蔵、[7]司馬凌海、[8]柴田収蔵、[9]有田八郎、[10]小川久蔵、[11]大久保長安、[12]良寛、[13]大岡源三郎、[14]円山溟北、[15]大伴国道、[16]辻藤左衛門、[17]江戸三左衛門、[18]山本三男三郎、[19]京極為兼、[20]日野資朝、[21]日蓮、[22]世阿弥、そして順徳天皇。

令和三年が承久の変から八百年後ということもあり、近年、承久の変に関する書籍や雑誌が書店の棚に置かれていた。何冊か手に取って頁《ページ》をめくっていると、この事変により順徳上皇が佐渡に御遷幸したのも八百年前であることにふと気づいた。これを機会に、高い峰ではあるが、順徳天皇について腰を据えて調べてみようと登攀《とうはん》の一歩を踏み出した。

まずは、順徳天皇に関する文献である。研究書も歴史書も人物伝も圧倒的に少ない。さらに、佐渡での二十二年間については伝承や説話はいくつかあるが、正史としての公式記録がない。佐渡の図書館、国会図書館、インターネットにもあたり、わずかな資料にもできるだけ目を通した。また、佐渡のゆかりの史跡に足を運んで順徳天皇の余韻を肌で感じ取ろうと努めた。調べれば調べるほど、順徳天皇が才能豊かな賢帝であったことがわかり、ごく自然に順徳天皇に崇敬の念を抱くようになっていた。

和歌や芸能はもちろんのこと、皇室典範に通ずる有職故実の大著(23)『禁秘御抄《きんぴみしょう》』や歌論書の名著『八雲御抄《やくもみしょう》』を著した第一級の学者としての才は特筆に値し、佐渡郷土史学の泰斗《たいと》、故山本修之助翁は順徳天皇を〝文学の天皇〟と称した。この鮮やかな青年帝王の生涯を広く知ってもらいたいという気持ちが拙論の筆を持たせた動機である。

二十代半ばという若さで都から遙か離れた孤島に流され、還御《かんぎょ》叶わず島から一歩も出ることなく二十二年という長きにわたる在島生活とその果ての自裁《じさい》は、あまりに悲劇的である。順徳天皇への思い入れが過ぎたきらいがあるやに知れない。

本書は順徳天皇研究の書ではないことはもちろんだが、本書を読み終えたのちの順徳天皇観については、読者各位に委ねることとしたい。

註釈については、読み応えのあるものと自負している。本文と合わせて精読してもらいたい。

順《じゅん》徳《とく》天皇

第八十四代天皇。名は守成《もりひら》、佐渡院とも呼ばれる。後鳥羽天皇の第三皇子、母は藤原範季《のりすえ》の女《むすめ》、修明門院重子《じゅうし》。王朝の権力を回復しようとする後鳥羽上皇は、源頼朝が死ぬと、承元四年（一二一〇）十一月、土御門天皇に退位を迫り順徳天皇を即位させた。順徳天皇は父の北条義時追討計画に参画し、承久三年（一二二一）、皇子懐成《かねなり》親王（仲恭天皇）に譲位して挙兵したが敗れ（承久の変）、佐渡に配流され、在島二十二年ののち崩じた。和歌『順徳院御集』、歌学書『八雲御抄』、有職故実書『禁秘御抄』などの著と『順徳院御記』とがある。陵墓は京都市左京区大原勝林院町の大原陵《おおはらのみささぎ》。また新潟県佐渡市の真野地区に順徳天皇火葬塚（真野御陵）がある。

後鳥羽《ごとば》天皇

第八十二代天皇。高倉《たかくら》天皇の第四皇子。名は尊成《たかひら》。祖父後白河《ごしらかわ》法皇の院政下、神器なしに即位し、譲位後、土御門・順徳・仲恭三帝にわたって院政を執った。北条義時追討を謀って承久の変を起こしたが失敗、隠岐に流された。諡号《しごう》は初め顕徳《けんとく》院、のち後鳥羽院。蹴鞠《けまり》・琵琶・笛などの芸能や和歌にも秀で、『新古今和歌集』を勅撰《ちょくせん》。日記『後鳥羽院宸記』がある。

土御門《つちみかど》天皇

第八十三代天皇。後鳥羽天皇の第一皇子。名は為仁《ためひと》。承久の変後、土佐に流され、のち阿波に移された。土佐院。阿波院。

北条《ほうじょう》　義時《よしとき》　鎌倉幕府第二代執権。時政《ときまさ》の次男。泰時《やすとき》の父。通称、江馬小四郎。父時政の失脚後、執権となり、和田義盛を滅ぼして侍所別当を兼ねた。姉政子《まさこ》と協力して承久の変を鎮圧し、幕府権力を安定させ、北条氏の執権政治を固めた。

（1）北《きた》　一輝《いっき》　日本のファシズム運動の理論的指導者。本名、輝次《てるじ》。のちに輝次郎《てるじろう》に改名。佐渡両津湊出身。中国革命同盟会に加わり、宋教仁と結んで軍事革命に努力。大正八年（一九一九）大川周明らと猶存社を結成し、ファシズム運動を進める。昭和十一年（一九三六）の二・二六事件に連座して、皇道派の青年将校とともに死刑。著書に『国体論及び純正社会主義』『支那革命外史』『日本改造法案大綱』がある。

（2）本間《ほんま》　雅晴《まさはる》　陸軍軍人。佐渡畑野出身。陸軍士官学校、陸軍大学校第二十七期恩賜卒業。第一次世界大戦中、イギリスに派遣されてイギリス軍に従軍。帰国後は陸軍大学校教官、参謀本部員、秩父宮付き武官などを歴任し、さらにイギリス大使館付き武官となった。昭和十三年（一九三八）中将となり、第二十七師団長に就任。同十五年（一九四〇）台湾軍司令官、同十六年（一九四一）十一月、第十四軍司令官に任じられ、太平洋戦争の開戦と同時にフィリピン攻略にあたった。戦後、「バターン死の行進」の責任を問われ戦犯として処刑された。

（3）土田《つちだ》　杏村《きょうそん》　思想家・評論家。佐渡新穂出身。本名、茂《つとむ》。日本画家、土田麦僊《ばくせん》の実弟。西田幾多郎に師事。雑誌『文化』を発刊し、文明評論を展開。著作に『国文学の哲学的研究』『マルキシズム批判』など。

（4）長谷川《はせがわ》　海太郎《かいたろう》　小説家。佐渡相川出身。本名、筆名は林不忘《ふぼう》、牧逸馬《いつま》、谷譲次。函館中学校を中退してアメリカへ渡り、苦学してオーバーリン大学などに学んだ。帰国後、まもなく作家活動に入り、林不忘名で時代小説、谷譲次名で在米邦人に取材した「めりけん・じゃっぷもの」、そして牧逸馬名で海外推理小説の翻訳や通俗小説など、三つの筆名を使い分け、幅広い分野で活躍した。隻眼隻手の剣士丹下左膳が主人公の『新版　大岡政談』三部作（林不忘）が多くの読者を集め、家庭小説『地上の星座』（牧逸馬）、「めりけん・じゃっぷもの」の短編集『テキサス無宿』（谷譲次）なども好評だった。『一人三人全集』（十六巻）をもち、文壇のモンスターと呼ばれた。

（5）益田《ますだ》　孝《たかし》　実業家。佐渡相川出身。三井財閥の大番頭。維新後、横浜で貿易会社を営んでいたが、明治六年（一八七三）、井上馨が設立した先収会社の東京本店頭取となり、同九年（一八七六）、三井物産設立とともに社長。中上川《なかみがわ》彦次郎の産業主義に対して商業主義を主張して対立したが、三池炭鉱の払い下げなどで三井財閥の形成、発展に貢献。商法講習所を設立。鈍翁《どんのう》と号し、茶人、美術愛好家としても有名。

（6）高田《たかだ》　慎蔵《しんぞう》　明治・大正期の機械貿易商。佐渡相川出身。号は相川《そうせん》。慶応元年（一八六五）、佐渡奉行所に出仕、明治三年（一八七〇）、上京、ドイツ商館アーレンス商会、ベア商会に勤務したのち同十三年（一八八〇）に高田商会を開業。同三十二年（一八九九）にはアメリカの電気機械メーカー、ウエスチングハウス社の代理店になるなど日清・日露戦争を経て同商会は有力機械輸入商社に成長し、同四十一年（一九〇八）、合資会社（資本金百万円）に改組。慎蔵引退後は養子釜吉（「天下の糸平」田中平八の三男）が経営を継いだが、大正十四年（一九二五）に同商会は経営破綻した。

（7）司馬《しば》　凌海《りようかい》（本文　――恋が浦――　に記述）

（8）柴田《しばた》　収蔵《しゆうぞう》　江戸後期の地理学者。佐渡小木宿根木出身。中根半仙に漢学・書画を、伊東玄朴に蘭方を、山路諧孝に天文地理を学ぶ。天文方手伝を経て、安政三年（一八五六）、蕃書調所《ばんしよしらべしよ》の絵図調出役となる。『新訂坤輿略全図』などを作成。安政六年（一八五九）四月十日死去。四十歳。姓は新発田とも書く。名は耘《うん》。字《あざな》は士登。号は拗斎、半嶋漁人。

（9）有田《ありた》　八郎《はちろう》　外交官・政治家。佐渡真野新町出身。山本悌二郎の実弟。東京帝国大学卒業後、外務省に入り、ベルギー、中国大使などを務める。昭和十一年（一九三六）、広田内閣の外相となり、日独防共協定を締結した。のち第一次近衛・平沼・米内各内閣の外相。同二十八年（一九五三）、衆議院議員。三島由紀夫の小説『宴のあと』に対し、わが国最初のプライバシー侵害訴訟を起こした。同四十年（一九六五）三月四日死去。旧姓は山本。

(10) 小川《おがわ》　久蔵《きゅうぞう》　明治二十三年（一八九〇）に佐渡相川で起きた全国最大規模の米騒動「相川暴動」の若き指導者。佐渡相川出身。妹のひとりが暴動ののち水金遊郭に身売りした。十五歳の時、佐渡鉱山鉱夫となる。家が貧しく、幼少時、妹をおんぶして教室の窓の外から授業を聞いていたという。暴動が起こる年、相川六番組の消防小頭四十四人の長だった。妻子はなく母と妹だけの暮らしで、男だての気性の持ち主で慕われた。暴動の後、二百人を超える検挙者とともに新潟に護送される。懲役七年の判決を受け、新潟監獄所に服役中、天然痘に冒され獄死。享年二十五。

(11) 大久保《おおくぼ》　長安《ながやす》　江戸初期の金山奉行。甲斐出身。猿楽師金春《こんぱる》七郎喜然の子。武田氏の家臣となるが、その滅亡後、駿河に赴き徳川家康に猿楽師として仕え、大蔵太夫と称した。金山、銀山の開発にあたり、佐渡、伊豆、石見などを開発。大きな功績をあげ、その功により大久保姓を受け、慶長元年（一五九六）には従五位下、石見守となり武蔵八王子に三万石を領した。同八年（一六〇三）、石見銀山兼佐渡金山奉行、同十一年（一六〇六）、伊豆銀山奉行になり、全国の鉱山を管轄。一方、同六年（一六〇一）、東海、東山、北陸三街道に一里塚を設置し、各地方の検地（石見検地）を行い、また同十三年（一六〇八）には江戸城における浄土、法華の宗論を奉行し、また築城に参画するなど多方面にその才能を発揮した。死後、生前に不正があったといわれて家族が切腹、大久保忠隣、石川康長らが連座して改易となった。

（12）良寛《りょうかん》　江戸後期の僧・歌人。越後出雲崎出身。光照寺玄乗に従い得度、大愚良寛と称する。のち備中玉島円通寺国仙の法を嗣ぎ、以来二十数年間諸国を行脚し、奇行に富んだ飄逸《ひょういつ》の生活を送る。万葉風の和歌及び書風は天衣無縫で高い評価を得ている。

（13）大岡《おおおか》　源三郎《げんざぶろう》　江戸初期、慶安四年（一六五一）の「慶安の変（由比正雪の乱）」で父、源右衛門、弟、虎之助とともに連座し、同年佐渡に流される。相川で「丸橋流」として槍術を教えて自活した。道場には百人ほどの門弟たちが通っていた。明暦元年（一六五五）、相川南端の春日崎で自刃。「渡世致し難し」と遺した記事が『佐渡志』にある。自害したその場所に、門弟一同が築いたとされる土塚が今も春日崎に残る。そののち、父は病死。弟は赦免され江戸に帰る。源右衛門と源三郎父子は、それぞれ向かい合って相川万照寺の境内に眠る。

（14）円山《まるやま》　溟北《めいほく》　文政元年（一八一八）佐渡両津夷出身。養父・円山学古に学び江戸の亀田綾瀬門に入る。天保十一年（一八四〇）、郷里の佐渡に帰り、学古塾を開き、のち奉行所の修教館教授となった。明治二十五年（一八九二）、死去。七十五歳。本姓は小池。名は葆《しげる》。字は子光。通称は三平。別号に与古為徒斎、赤川隠士など。著作に『大学夷考』など。

（15）大伴《おおともの》　国道《くにみち》　平安前期の公卿。大伴継人《つぐひと》の子。延暦四年（七八五）、父が藤原種継を暗殺したため、佐渡に流される。同二十四年（八〇五）、赦されて京都に帰る。弘仁十四年（八二三）、延暦寺別当となり、左中弁のとき氏を伴とあらためた。同年に参議にのぼり、右大弁を兼任。従四位上。「応天門《おうてんもん》の変」で伊豆に流された伴大納言善男《ばんだいなごんよしお》は五男。善男は佐渡で生まれたとされる。

(16)辻《つじ》藤左衛門《とうざえもん》　江戸初期の佐渡奉行所の地役人。通称、信俊。甲州出身。承応元年（一六五二）、佐渡小木の蓮華峰寺《れんげぶじ》での小比叡騒動で息子二人らとともに自刃。来島した奉行伊丹播磨守康勝に認められ、西三川金山役から相川の御運上屋役人、町奉行へと昇進した。世評の評判は良かったが、公務においてはその潔癖性から上役たちとの折り合いが悪く対立し、小木番所役に左遷された。のち相川への引き揚げ命令を拒否して、蓮華峰寺の住職快慶を頼り寺に籠った。翌年、小比叡騒動が起こり、交戦中に親子三人、家来とも切腹。快慶《かいけい》和尚らとともに十数人の首が相川の中山峠にさらされた。

(17)江戸《えど》　三左衛門《さんざえもん》　錺師《かざりし》・鐔師《つばし》。「三左衛門鐔」は一般に「佐渡鐔《さどつば》」として知られる。江戸馬喰町の人。延宝二年（一六七四）、佐渡に流罪。江戸では金座後藤庄三郎役所にかかわる職人であったとする説がある。佐渡相川町四町目に住し金銀細工師として暮らす。流罪から四十一年後の正徳五年（一七一五）、赦免となり江戸に赴いたが、再び佐渡に戻り、軍学者で時の佐渡奉行北条新左衛門より鐔作りの伝授を受け、大小の鐔作りを始め、「三左衛門鐔」として自他国に売り広めた。初代・好古、二代・利英、三代・利貞、四代・利姓、平六と続いたが平六は名をなさなかった。初代三左衛門は享保十四年（一七二九）没。

(18) 山本《やまもと》 三男三郎《みおさぶろう》 大日本帝国陸軍大尉。大正十年（一九二一）七月生まれ。北海道美幌町出身。母の故郷、佐渡真野新町へ移り、旧制佐渡中学校、松山高等商業学校（現松山大学）を経て北海道人造石油会社に入社したが一ヵ月後に招集される。昭和十八年（一九四三）十一月、福岡県大刀洗《たちあらい》陸軍学校菊池教育隊入校。同十九年（一九四四）三月、同校卒業と同時に、北支派遣軍石門第二十八教育飛行隊入隊、隼一七三〇三部隊に所属。同年七月、同飛行隊過程を成績抜群で終了し、「総司令官賞」受賞。陸軍少尉任官。同年十二月、特別攻撃隊「回天隊」の隊長に任命される。山本隊長作詞の「男なら 男なら 未練残すな浮き世のことは……」で始まる『第一回天隊歌』は当時広く歌われた。同二十年（一九四五）四月十八日、久留米平野上空で米軍爆撃機B29に体当たりし壮絶な最期を遂げた。佐渡の母親に宛てた遺書は靖國神社境内の遊就館に保管、展示されている。享年二十三。

(19) 京極《きょうごく》 為兼《ためかね》 鎌倉後期の歌人。藤原定家の曾孫。二条家と歌道の主導権を争い、革新的な歌風を樹立。『玉葉集』を編集した。政治上、持明院統に属し、佐渡・土佐に流された。歌論書『為兼卿和歌抄』がある。

(20) 日野《ひの》 資朝《すけとも》 鎌倉時代の公卿《くぎょう》。正応三年（一二九〇）生まれ。日野俊光《としみつ》の次男。従三位、権中納言。後醍醐《ごだいご》天皇の側近として、日野俊基《としもと》らとともに天皇の討幕計画（正中《しょうちゅう》の変）に加わり、謀議が発覚して捕らえられ佐渡に流された。再度の討幕計画（元弘《げんこう》の変）が失敗して天皇が隠岐に流された際、元弘二／正慶元年（一三三二）六月二日、配所先の佐渡で斬首。享年四十三。

(21) 日蓮《にちれん》　鎌倉時代の僧。日蓮宗の開祖。安房《あわ》出身。十二歳で清澄寺に入り天台宗などを学び、出家して蓮長と称した。比叡山などで修学ののち、建長五年（一二五三）、「南無妙法蓮華経」の題目を唱え、法華経の信仰を説いた。辻説法で他宗を攻撃したため圧迫を受け、『立正安国論』の筆禍で伊豆の伊東に配流。許されたのちも他宗への攻撃は激しく、佐渡に流され、赦免後、身延山に隠栖。武蔵の池上で入寂。著作に『開目鈔』『観心本尊鈔』など。勅諡号《ちょくしごう》は立正大師。

(22) 世阿弥《ぜあみ》　本名、観世元清《かんぜもときよ》。室町時代の能役者・能作者。左衛門太夫元清。観阿弥清次の子。父に次いで三代将軍足利義満の同朋衆として庇護を受け、父の芸風に歌舞的要素と禅的幽玄美を加えて能を大成した。のち六代将軍足利義教に、甥の音阿弥が登用されると、子の元雅とともに冷遇・圧迫されたが、逆境でさらに芸風を深めた。配流地佐渡で書いた詞章『金島書』がある。『風姿花伝』『花鏡』『申楽談儀』など能楽書二十三部が伝わる。

(23) 有職故実《ゆうそくこじつ》　朝廷や公家の礼式・官職・法令・年中行事・軍陣などの先例・典故。また、それらを研究する学問。平安中期以後、公家や武家の間で重んじられた。

順徳天皇 ——御製で辿る、その凜烈たる生涯——

◎目次

序——1
順徳天皇 系図——16
順徳天皇 地図（ゆかりの地）——18
恋が浦——22
才《かど》めいて、鮮やか——36
承久の変——52
佐渡——69
国分寺——83
ほととぎす《時鳥》啼かずの里——94
黒木の御所——106

忍び恋――120
愛《かな》しい恋の名残《なごり》――128
御父の死――137
存命無益――141
都忘れ――161
真野の御陵《みささぎ》――165
逢坂関――213
今宮――224
師友――226
配所の月――238
跋――254
補遺――266

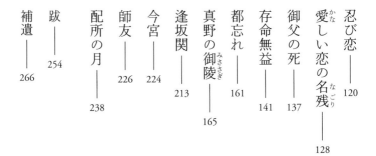

後記――268
参考及び引用文献――272
順徳天皇　年譜――278

装幀題字◎安倍洋子
装　画◎新澤由貴「長き夜」
帯・装画◎公益財団法人　陽明文庫蔵「天子御影」
装　幀◎本澤博子
図版作成◎桜井勝志

【写真提供】
一般社団法人佐渡観光交流機構／『甚之助の小屋』甚之助／郷土出版社／山田詩乃武

【順徳天皇 縁戚系図】

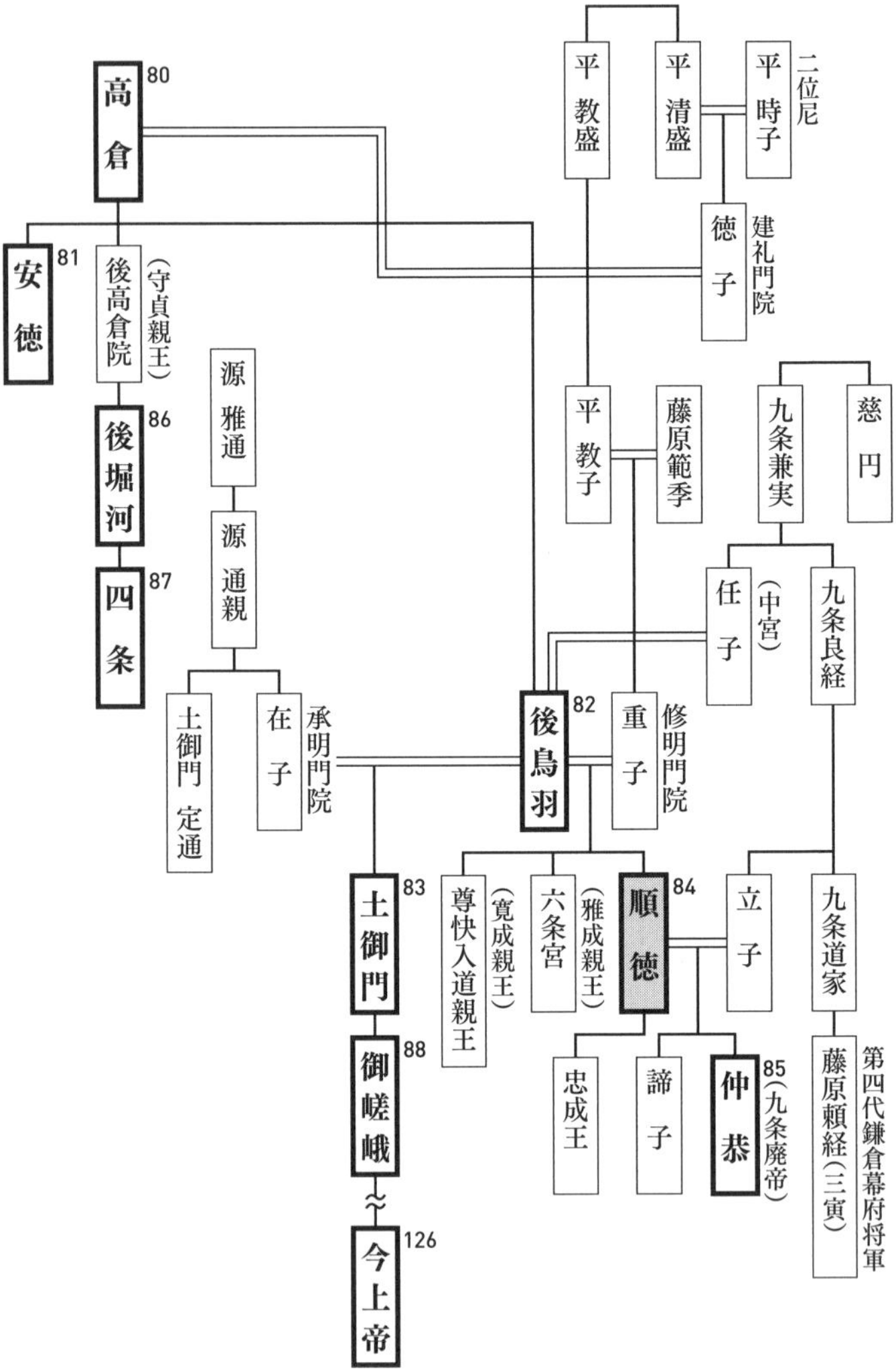
平 教盛
平 清盛
平 時子
二位尼
高倉
80
徳子
建礼門院
安徳
81
後高倉院
（守貞親王）
後堀河
86
四条
87
源 雅通
源 通親
土御門 定通
在子
承明門院
平 教子
藤原範季
九条兼実
慈円
任子
（中宮）
九条良経
後鳥羽
82
重子
修明門院
土御門
83
御嵯峨
88
今上帝
126
尊快入道親王
（寛成親王）
六条宮
（雅成親王）
順徳
84
立子
九条道家
忠成王
諦子
仲恭
85
（九条廃帝）
藤原頼経（三寅）
第四代鎌倉幕府将軍

【順徳天皇　母方を中心とした系図】

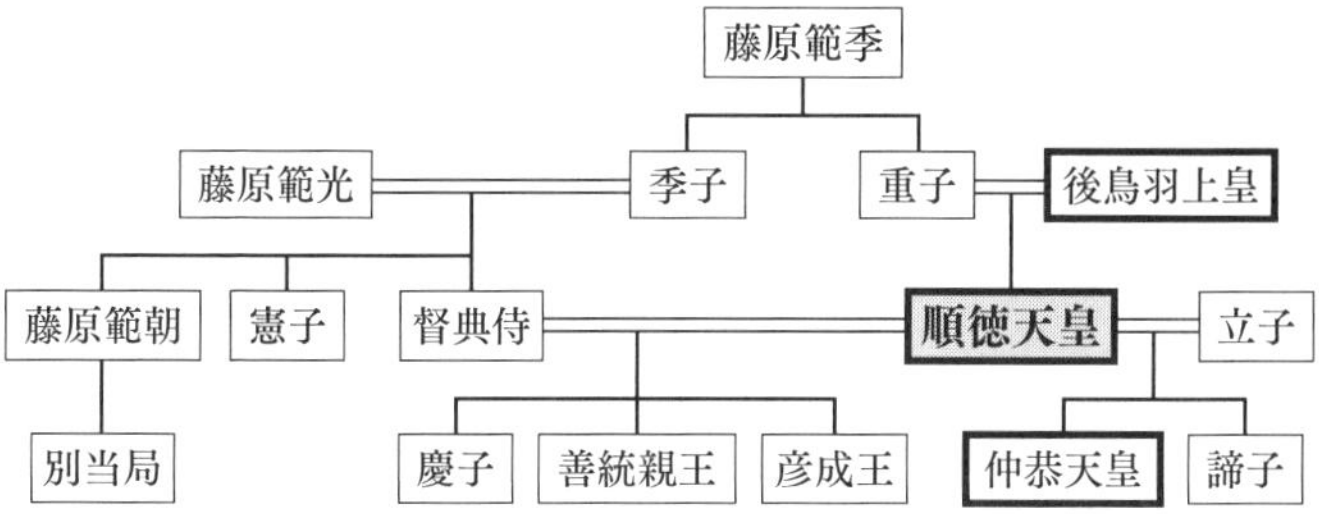

【順徳天皇　御子《おこ》たちを中心とした系図】

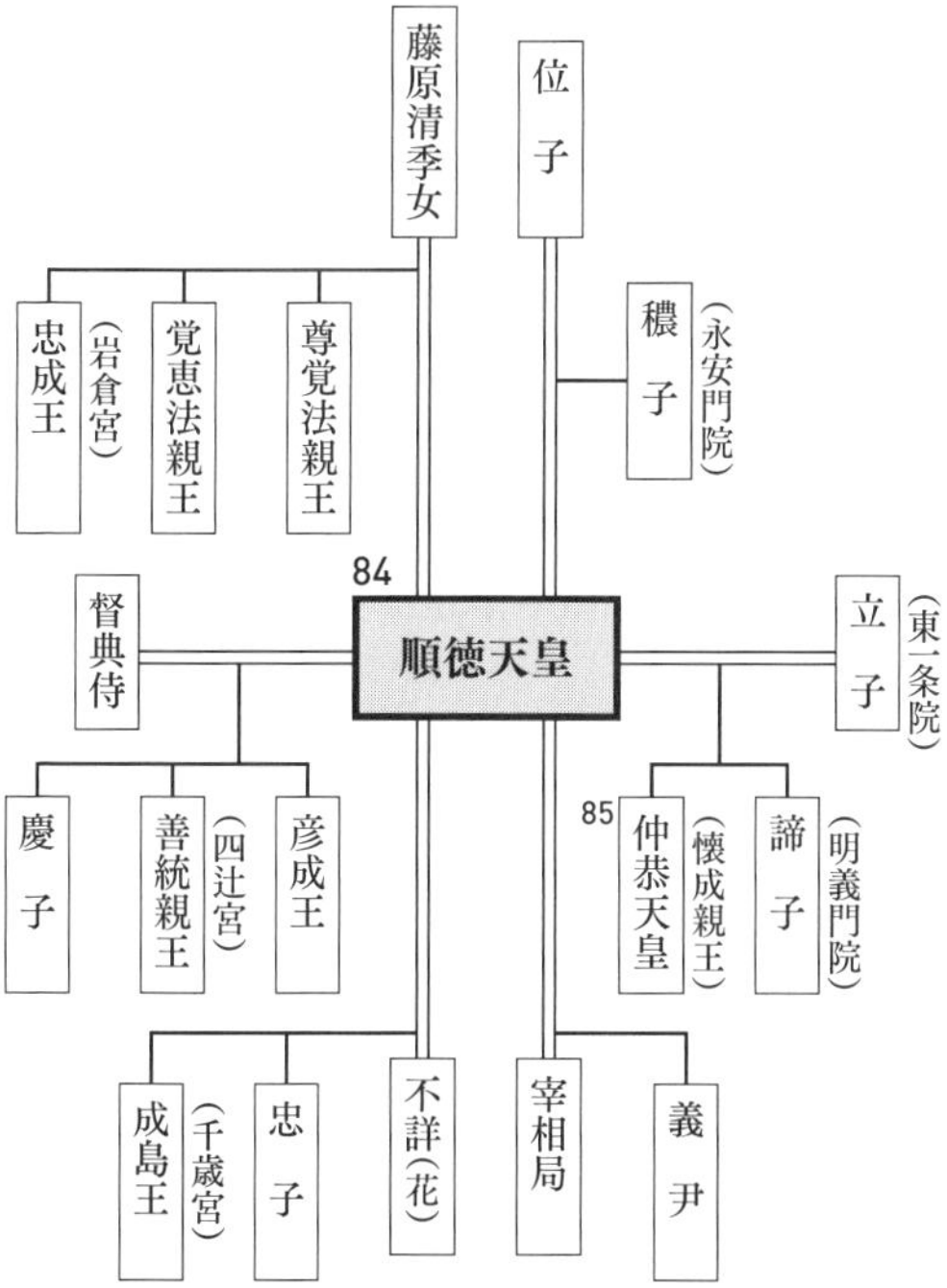

新潟県

日本全図（本州）

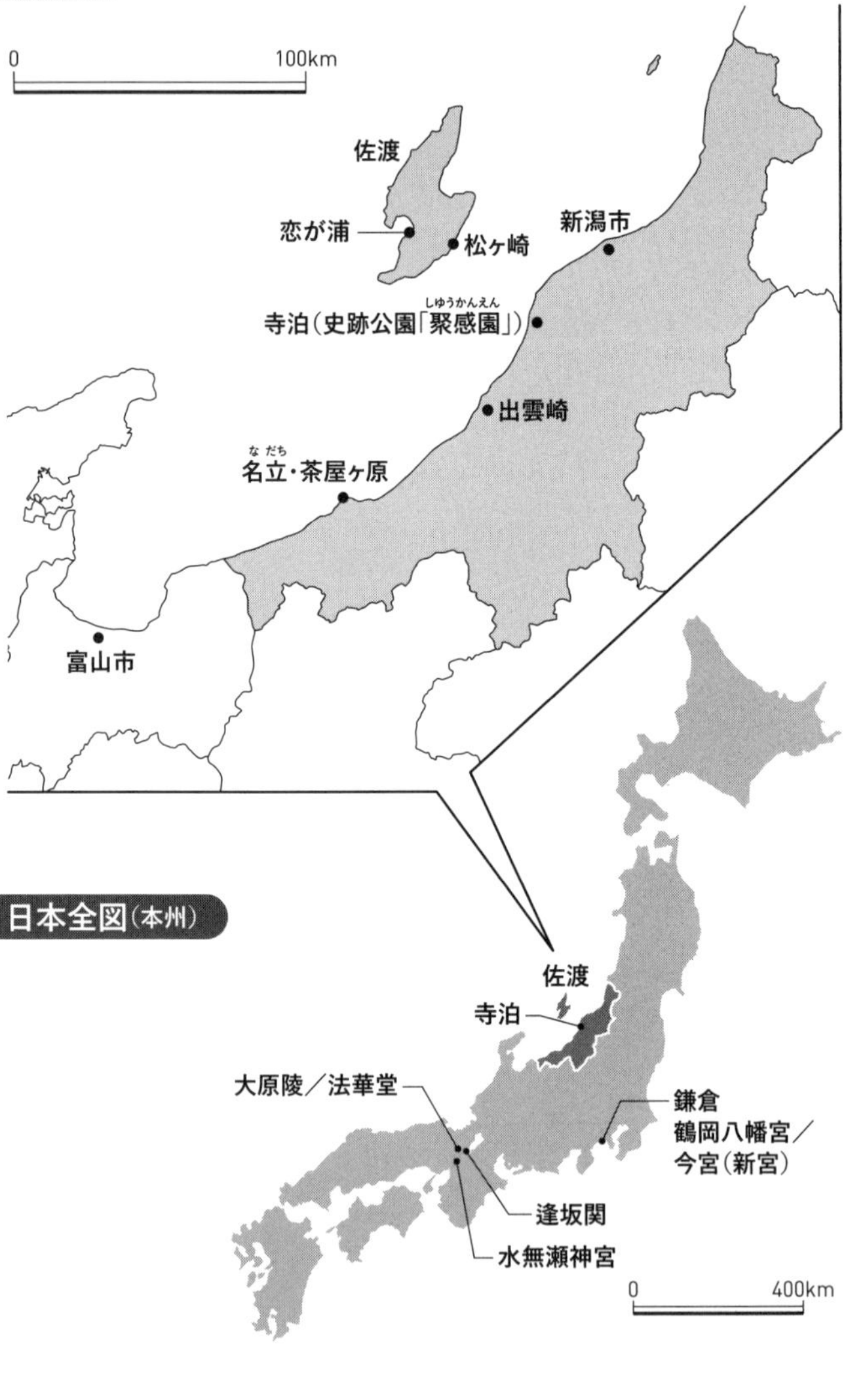
0
100km
佐渡
恋が浦
松ヶ崎
新潟市
寺泊（史跡公園「聚感園《しゅうかんえん》」）
出雲崎
名立《なだち》・茶屋ヶ原
富山市
佐渡
寺泊
大原陵／法華堂
鎌倉
鶴岡八幡宮／
今宮（新宮）
逢坂関
水無瀬神宮
0
400km

佐渡

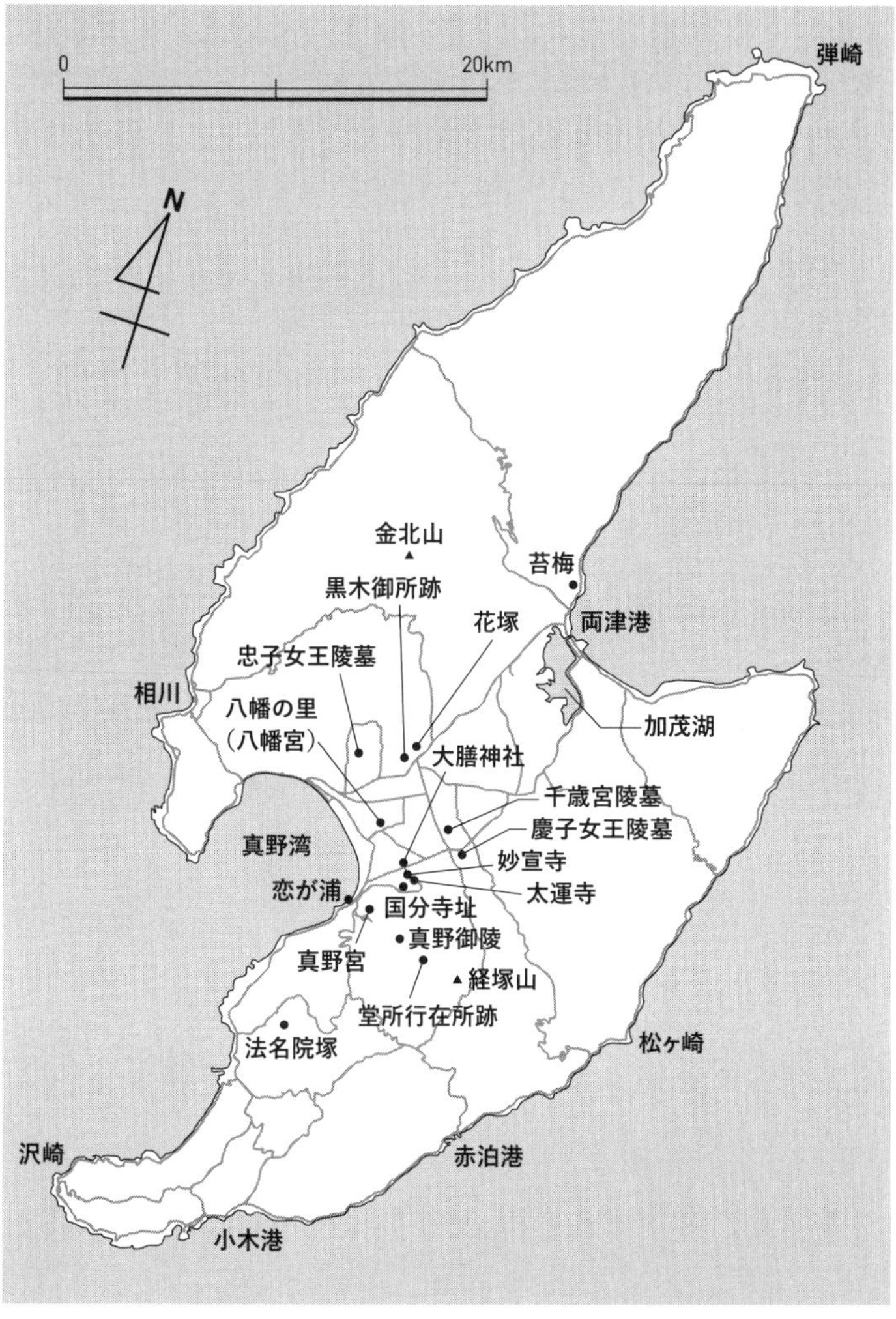
0
20km
N
弾崎
金北山
苔梅
黒木御所跡
両津港
花塚
忠子女王陵墓
相川
八幡の里
（八幡宮）
加茂湖
大膳神社
千歳宮陵墓
慶子女王陵墓
真野湾
妙宣寺
恋が浦
太運寺
国分寺址
真野御陵
真野宮
経塚山
堂所行在所跡
法名院塚
松ヶ崎
沢崎
赤泊港
小木港

【凡例】

一、順徳天皇は、第八十四代順徳天皇、順徳帝、順徳上皇、佐渡院、順徳院などと称されますが、本文では主に「院」と表記し、状況に応じ表記を変えています。

一、承久の変は、承久の乱とも表記されますが、本書では上皇が起こしたことから「反乱」ではないという観点および順徳上皇の立場から「承久の変」と表記することとします。

一、順徳天皇の御製は太字で記されています。

一、語彙《ごい》等の註釈は極力控えることとしました。但《ただ》し、歌句等の作者ならびに一部、歴史用語については解説を施すこととしました。

順徳天皇

――御製で辿る、その凜烈たる生涯――

恋が浦

恋が浦は、承久の変に敗れ遠流《おんる》となった順徳上皇、御着船の地とされる。

今を去ること八百年前の承久三年（一二二一）、御年齢《おんとし》二十五、晩秋の候であった。供《ぐ》奉《ぶ》者の花山院少将一条能氏《よしうじ》は途中、病を得て帰京。甲斐左兵衛佐藤原範経《のりつね》は老体に鞭打って越後寺泊までは来たが、病に臥《ふ》し此の地で没した。渡海した供奉の者は左衛門大夫[1]藤原康光と[2]右衛門督局（督典侍《こうのすけ》）、[3]別当局の二人の女房《にょうぼう》だけの心寂しい船出だった。浦は現在、佐渡市真野《まの》地区豊田《とよた》（明治期は恋が浦村）にある。浦の名の由来は同じ頃、隠岐に流された敬愛して止まぬ御父、後鳥羽上皇を真野の入江からはるか西方の海原を振り返り、恋い偲ばれて詠んだ、

いざさらば磯打つ波にこと問はむ

沖《おき》のかなたには何事かある

（註）「沖」は「隠岐」と掛ける

から採られたとされる。

また、この時、地元渋手《しぶて》村（明治以前の豊田地区）の老婆がすすめる稗《ひえ》の粥《かゆ》に箸をとられて詠んだ、

これほどに身の温まる草の実を
ひえの粥とは誰かいふらむ

は、村人との心温まるふれあいを今に伝える。

ところで、当時の律令制における「五罪（刑）」は、刑の重い順に死罪《しざい》、流罪《るざい》、徒罪《ずざい》、杖罪《じょうざい》、笞罪《ちざい》が科せられる。流罪は死罪に次ぐ重刑であったが明治期、廃止となった。さ

順徳上皇、御着船の地とされる恋が浦

らに、畿内（都周辺の地域）からの距離により近《こん》流《る》、中流《ちゆうる》、遠流《おんる》の三等級に分けられていた。順徳上皇の佐渡配流は遠流の中でも都から最も遠い地であった。

江戸時代、佐渡金山に送られた水替人足らは「島流し」ではなく労働力としての「島送り」となった所謂《いわゆる》「無宿人《むしゆくにん》」である。元禄十三年（一七〇〇）以降、「流人《るにん》」は佐渡へ送られてこなくなった。江戸後期から幕末になって始まる無宿人の島送りは、遠島の刑に該当しない軽罪、または無罪の者たちで、一種の失業者救済であった。この者たちが鉱山で苦役《くえき》していた頃、流人と呼ばれる重罪犯は、伊豆や隠岐に流されていた。佐渡人にとって「流人」は遠い昔話になっていた。「島流し」と「島送り」を混同されている場合が多見され、誤解を生まないようここで明確に指摘しておきたい。

北条氏の執権政治が確立してから作られた鎌倉幕府の公式記録とされる『吾妻鏡《あずまかがみ》』は、都から佐渡への御遷幸の様子を淡々と次のように記している。

廿日（旧暦七月二十日）、壬寅、陰、新院（順徳上皇）佐渡國に遷御、花山院少將能氏朝臣、左兵衛佐範經、上北面左衛門大夫康光等供奉す、女房二人同じく參る、國母修明門院（重子）、中宮（立子）、一品宮、前帝以下、別離の御悲歎、甄録《けんろく》に遑《いとま》あらず、羽林《うりん》は病に依りて路次より歸京す、武衛又重病を受け、越後國寺泊浦に留まる、凡そ兩院の諸臣、存沒の別、彼是共に傷嗟《しょうさ》哀慟《あいどう》せざる莫《な》し、其之を如何せん。

（『吾妻鏡』巻廿五　承久三年より）

（七月二十日、順徳上皇が佐渡に遷御。花山院少将一条能氏朝臣、左兵衛佐範経、上北面の武士左衛門大夫康光らが供奉し、女房二人が同様に付き添った。順徳上皇の生母修明門院〈藤原重子〉、中宮の東一條院〈九条立子〉、一品宮〈諦子内親王〉、前帝仲恭〈九条廃帝〉らは、別離の嘆きを交わす他になすすべもない。羽林〈花山院能氏〉は病のため、途中で帰京。武衛〈左兵衛佐範経〉も重病のため越後寺泊に留まった。両院〈後鳥羽・土御門両上皇〉の臣下たちも二度と会えない別離を思い、悲しみは尽きなかった）

大正十三年（一九二四）、来島した与謝野寛（鉄幹）・晶子夫妻が佐渡に近づきつつある船上で、順徳上皇を偲んで詠んだ和歌がある。

わが船のしろき舳先《へさき》にあらはれぬ
　遠しとしたる佐渡の島山
　　　　　　　　　　　　　　与謝野　寛(4)

近づきぬ承久の院二十にて
　移りましつる大海の佐渡

また、ここ恋が浦では、次のように詠んでいる。

われ佐渡の子ならば真野の海を見て
　悲しむことの少なかりけん
与[5]謝野　晶子

真野の浦御船の着きし世のごとく
　なほ悲しめり浪白くして
与謝野　晶子

わかくして二十とせあまり真野の浦
　かかる浪のみ見そなはしけん
与謝野　寛

与謝野　寛

近代歌壇の重鎮、斎藤茂吉も戦時中の昭和十六年（一九四一）四月にこの地を訪れ、詠んでいる。

御船泊《は》てたまひしといふ恋が浦
京《みやこ》おもへばいく重《へ》の雲かも
斎藤茂吉(6)

その他にも、恋が浦で順徳天皇を偲んだ歌句は多い。

御船酔こらへましつつあなかしこ
ここの荒磯を御みましけむ
尾上柴舟(7)

立よりていざ言問はん跡もなし

かひなくよする恋が浦波
川路聖謨(8)

とことはに立かへらんとおぼしけん
みやこの空を恋が浦波
佐々木弘綱(9)

朝まだき恋が浦べをわけゆけば
むしもわびてやこころなくらむ
高橋泥舟(10)

老が身によせくる波の立添て
浦山しくもかへる年かな
北条氏如(11)

荒海を流るるものか雲の峯　　加藤[12]　暁台

みかど渡せし浪の秀《ほ》あらみ逝《ゆ》く秋ぞ　　室積[13]　徂春

あら悲し眺め入る日も春の海　　会津[14]　八一

青嵐波にぬかづく憤り　　小原[15]　烏兎

大正五年（一九一六）七月七日、昭和天皇（当時は皇太子、御年齢十五）が真野湾に停泊している御召艦「生駒《いこま》」から伝馬船に御移乗され御上陸されたのも、ここ恋が浦であった。伏見宮博恭王《ふしみのみやひろやすおう》、浜尾新《はまおあらた》東宮大夫、東宮御学問所総裁東郷平八郎《とうごうへいはちろう》元帥、同御学問所幹事小笠原長生子爵《おがさわらながなり》、歴史学者白鳥庫吉《しらとりくらきち》らが行啓《ぎょうけい》にお供していた。あいにく大雨となったが、多くの島人《しまびと》が皇太子歓待に沸き、通りに出て奉迎していた。その様子をご覧になられた殿下は人力車の幌を外すよう指示し、自らも雨に打たれながら沿道に並ぶ人々に会釈をして応じたという。

司馬遼太郎の小説『胡蝶《こちょう》の夢《ゆめ》』の書き出しは恋が浦から始まる。

佐渡は越後からみれば波の上にある。「佐渡は波の上だ」と、伊之助は幼いころからきかされていたが、波の上なら舟のように、揺れるはずなのにどうして揺れないのかとふしぎにおもった。（中略）かれの故郷の新町は、真野の浦に面している。大きく湾入したこの入江は白砂と青松でふちどられ北からかぞえれば、雪の高浜、長石の浜、恋が浦、越の長浜などといった美しい浜がつらなり、かれの在所である新町は、恋が浦にもっとも近い。新町は宿場である。（後略）

この中の伊之助は島倉伊之助という後の司馬凌海のことである。この小説の準主人公ともいうべき凌海は幕末、明治時代の医師・洋学者で幼少より神童と謳《うた》われ語学の天才と称せられたが奔放不羈《ほんぼうふき》な性格が災いして出世街道からはずされた。

江戸で松本良甫《りょうほ》、長崎でポンペに学び、郷里の佐渡に戻り開業。その後、明治元年（一八六八）東京の医学校教授となる。英語、ドイツ語など六カ国語に通じ、日本最初のドイツ語辞典『和洋独逸辞典』を出版した。明治十二年（一八七九）三月十一日死去。享年三十九。著作に『七新薬』などがある。伊之助の生地にある真野小学校の校庭内には、明治三十九年（一九〇六）に建立された山縣有朋《やまがたありとも》の揮毫《きごう》による「司馬凌海君碑」と題する石碑が石垣に囲まれた土居《どい》上に黒松の巨木に隣接して建っている。

（1）藤原《ふじわらの》康光《やすみつ》　上北面左衛門大夫。承久の変後、順徳上皇に随って佐渡に渡った。忠勤怠りなく、御悩みの折は、御看護をもし、御臨終の前に出家し祗候《しこう》した。御火葬後、御遺骨を首にかけ京に帰り、大原の法華堂の傍らに納めた。

（2）右衛門督局《うえもんのかみのつぼね》　督典侍《こうのすけ》ともいう。公卿・従二位・権中納言藤原範光《ふじわらののりみつ》の女《むすめ》。母は季子《きし》。季子は順徳上皇の生母、重子《じゅうし》の異母妹で順徳上皇の叔母にあたる。督典侍は佐渡に供奉し、順徳上皇との間で彦成王《ひこなり》と善統親王《よしむね》を儲けた。

（3）別当局《べっとうのつぼね》　藤原範光・長男、範朝《のりとも》の女《むすめ》。

（4）与謝野《よさの》　寛《ひろし》　歌人・詩人。京都府出身。号、鉄幹《てっかん》。落合直文に師事。『亡国の音』により短歌革新運動を展開、ついで東京新詩社を興して『明星』を創刊。妻晶子とともに明治中期の浪漫主義運動において指導的役割を果たした。著書に『東西南北』『天地玄黄』『紫』など。

（5）与謝野《よさの》　晶子《あきこ》　歌人。堺市出身。本名、志よう。旧姓、鳳《ほう》。鉄幹の妻。新詩社に加わり『明星』に詩歌を発表。大胆な官能の解放を歌い、その奔放で情熱的な作風は浪漫主義運動に一時代を画し、また、古典の研究にも業績を残した。著書に『みだれ髪』『小扇』『白桜集』『新訳源氏物語』など。

（6）斎藤《さいとう》　茂吉《もきち》　歌人・医師。山形県出身。東京大学医学部卒業。正岡子規の『竹の里歌』に感動し、伊藤左千夫に師事。『馬酔木《あしび》』『アララギ』に加わり、実相観入の写生説を唱えて中心歌人として活躍した。長崎医専教授として海外留学後、青山脳病院長に就任。代表的歌集に『赤光《しゃっこう》』『あらたま』、研究に『柿本人麿《かきのもとのひとまろ》』などがある。

（7）尾上《おのえ》　柴舟《さいしゅう》　歌人・文学者。岡山県出身。旧姓は北郷、名は八郎。歌を大口鯛二に学ぶ。歌誌

『水甕』を主宰する。自然主義歌論を唱導し、また典雅な和様の書を能《よ》くする。歌会始撰を務めた。

（8）川路《かわじ》　聖謨《としあきら》　江戸末期の幕臣。豊後出身。佐渡奉行・奈良奉行・大坂町奉行を経て、勘定奉行兼海防掛・外国奉行などを歴任し、日露和親条約に調印。江戸開城の直前に自殺。著書に『長崎日記』『下田日記』『島根のすさみ　佐渡奉行在勤日記』など多数。

（9）佐々木《ささき》　弘綱《ひろつな》　国学者・歌人。伊勢石薬師の生まれ。信綱の父。号は竹柏園。著書に『古事記歌俚言解』がある。

（10）高橋《たかはし》　泥舟《でいしゅう》　江戸末期の幕臣。江戸出身。名は政晃。槍術家で講武所師範役。鳥羽伏見の戦い後、徳川慶喜に恭順説を説き、上野寛永寺で慶喜を護衛した。山岡鉄舟・勝海舟とともに幕末の三舟と称された。

（11）北条《ほうじょう》　氏如《うじすけ》　江戸前期から中期の幕臣。元禄四年（一六九一）小姓組となり、下田奉行・佐渡奉行を経て寄合となる。学問にすぐれ五代将軍徳川綱吉に『論語』を講義した。通称は伝七郎、新左衛門。号は常安。

（12）加藤《かとう》　暁台《きょうたい》　江戸中期の俳人。尾張名古屋出身。別姓、久村《くむら》。名は周挙。別号、暮雨巷《ぼうこう》。尾張

藩の武士から俳諧師となった。蕉風を慕い、『秋の日』の編纂などにより、その復興運動に努めた。

(13)室積《むろづみ》徂春《そしゅん》 俳人。本名、尚《たかし》。芸名、大木緑二。別号は平明居主人・碌々子・碌二道人。大津市出身。岡野知十・佐藤紅緑門人。紅緑とともに俳誌『とくさ』を編集、昭和二年（一九二七）から『ゆく春』を主宰する。編著に『ゆく春句集』『北斗』などがある。

(14)会津《あいづ》八一《やいち》 美術史学者・歌人・書家。新潟市出身。号は秋艸道人《しゅうそうどうじん》・渾斎《こんさい》。早稲田大学教授。歌集に『鹿鳴集』など。

(15)小原《おばら》鳥兎《うと》 内務・朝鮮総督府官僚。本名、新三《しんぞう》。東京都出身。官選新潟県知事、錦鶏間祗《きんけいのま》候を歴任。

才《かど》めいて、鮮やか

順徳天皇（のち順徳上皇、別称は佐渡院、諡号《しごう》は順徳院。以下、本文では「院」という）は第八十四代天皇、諱《いみな》（名）は守成《もりひら》、後鳥羽天皇の第三皇子、母は左大臣藤原範季《のりすえ》の女《むすめ》・藤原重子《じゅうし》（修明門院《しゅうめいもんいん》）で、建久《けんきゅう》八年（一一九七）九月十日に生まれる。翌年（一一九八）、後鳥羽天皇が十九歳で第一皇子、為仁《ためひと》親王（土御門《つちみかど》天皇）に譲位。正治《しょうじ》元年（一一九九）、三歳で親王となる。同二年（一二〇〇）四月、兄帝土御門天皇の皇太弟となる。承元《じょうげん》二年（一二〇八）十二月、元服。同三年（一二〇九）、九条良経《くじょうよしつね》の長女、立子《たつこ》（東一条院）を御《み》息所《やすんどころ》とした。立子は当初、土御門帝に入内《じゅだい》の予定だったが、父君後鳥羽上皇の意向により院の后妃となった。

「姫君（立子）参り給ひて、いと華やかに愛《め》でたし」（『増鏡』）と評されるほど容姿端麗な姫君であった。同四年（一二一〇）十一月、土御門天皇の譲位を受け践祚《せんそ》し、十四歳で即位する。この即位も後鳥羽上皇の強い意向によるものであった。院は年少より犀利《さいり》明敏《めいびん》で、生母重子は後鳥羽上皇の殊寵《しゅちょう》を得ていたため、院に対する上皇の期待は高く溺愛された。成長されるにつれ体貌も閑麗となり、父君とともに宮廷文化の復興に努め、歌道にも意欲的に取り組みその才能を遺憾なく発揮した。治政では、二十一ヵ条からなる「建暦《けんりゃく》の新制」を制定するなどの施策も見られたが、実質的には後鳥羽上皇による院政の占める比重が大きかったため、文化・学術面に集中し秀でた実績を遺した。建保《けんぽう》六年（一二一八）十一月、皇后立子との間に儲けた懐成《かねなり》親王（仲恭天皇）を皇太子とした。

土御門帝は「おだやかで、遠慮深い」（『神皇正統記《じんのうしょうとうき》』）、順徳帝は、

（前略）この御子（順徳）を、院（後鳥羽）かぎりなく愛《かな》しきものに思ひ聞こえさせ給へれば、になく清らを尽し、いつくしうもてかしづき奉り給ふ。（中略）御心ばへは新院（土御門）よりも少し才《かど》めいて、あざやかにぞおはしましける。御ざえもやまと・もろこし兼ねて、いとやんごとなくものし給ふ。（中略）本院（後鳥羽）の思《おぼ》し

構ふる事、新院（順徳）は同じ御こころにて、よろづ軍《いくさ》の事などもおきて仰せられたり。（後略）

（『増鏡』より）

と評されていて、父譲りの武断的気性も併せ持っていた。「順徳」という諡号は、後深《ごふか》草《くさ》天皇時代の建長元年（一二四九）七月二日に後鳥羽上皇の当初の諡号「顕徳院《けんとくいん》」の——徳に順ずる——から贈諡されたという。

学芸才幹共に優れた院の著作としては、有職故実《ゆうそくこじつ》の基準とされた『禁秘御抄《きんぴみしょう》』（『禁中抄』『順徳院御抄』『建暦御記《けんりゃくぎょき》』などの別称もある）が有名で、朝廷における儀式作法の根源・由来を究め古来の慣習をのちの世代に残さんとした亀鑑である。幕府に対し皇威を振興するために著したともされる。天皇の真の姿、在り方、基本姿勢を院は『禁秘御抄』の冒頭、「賢所《かしこどころ》。凡《およ》そ禁中の作法、神事を先にし、他事を後にす」という一文で見事に示している。「賢所」そのものは最も尊い御殿とされ、かつては〈恐れ畏《かしこ》む〉の意味で「威所」「恐所」とも書かれた。「賢所」の章は八百年前に著されたが、その趣旨は、現行憲法の「象徴天皇」においても通じる最重要な「公事《くじ》」であるとする。

要約すれば、「天皇という存在は日本国を求心する権威的主軸かつ日本文明の核であり、最優先の行事は敬神崇祖の祭祀である。それは国家国民の安寧幸福と平和を祈願されることにある」となる。

明治天皇の御製に次のような歌がある。

わがこころおよばぬ国のはてまでも
　よるひる神はまもりますらむ

明治天皇[1]

この明治天皇の御姿、また順徳天皇の御姿そのものである。

また、元和元年（一六一五）、江戸幕府により制定された『禁中《きんちゅう》並《ならびに》公家《くげ》諸法度《しょはっと》』は、金地院《こんちいん》崇伝《すうでん》が徳川家康に命じられて起草した十七条から成る法度で、第一条「天皇の主務」は『禁秘御抄』の文章からの抜粋である。崇伝は後水尾《ごみずのお》天皇の師となり江戸幕府の法律の立案、外交、宗教統制を一手に引き受け、その権勢から「黒衣の宰相」の異名を取った臨済宗の僧侶である。

院が二十三歳の承久元年(一二一九)頃に『禁秘御抄』を著し、二年後に承久の変が起きるのであるが、その直前まで書き継がれていたと考えられ、この事変がなかったならば『禁秘御抄』はさらに大部なものになっていたにちがいない。

承久二年(一二二〇)三月二日、歌合《うたあわせ》同様、二つの琵琶を番《つがい》とし、比べて勝敗を決めていく「琵琶合《びわあわせ》」を院が主催したことが『群書類従』の管弦部に収められている。ここでは、それぞれみな名前が付けられている二十六面の琵琶が登場し、十三番の勝負が行われた。最終十三番では左に名器「玄象《げんじょう》(絃上、玄上)」、右に醍醐《だいご》天皇の御物「牧馬《ぼくば》」で競った。

院は学問、和歌、音楽は帝徳として修養すべき必須の教養であり、かつ自身を尊厳化、権威化するものであると『禁秘御抄』の「諸芸能事」でも著しており、琵琶の演奏も、その一環だったことが知れる。

歌合・歌会を、建暦二年（一二一二）の「内裏詩歌合」をはじめ、建保二年（一二一四）の「当座禁裏歌会」、同三年（一二一五）の「内裏名所百首」、同四年（一二一六）の「百番歌合」、同五年（一二一七）の「四十番歌合」「中殿和歌御会」、承久元年（一二一九）の「内裏百番歌合」など頻繁に主催した。

歌集としては、十五歳から十年の間に詠まれた千九百九首が収められた自撰の『順徳院御集』（『紫禁和歌草』）、『続後撰集《しょくごせんしゅう》』初出（十七首）』『計百五十九首入集』、佐渡での百首歌『順徳院御百首』（『佐渡御百首』）がある。

院は藤原定家、後鳥羽院、土御門院、六条宮雅成《まさなり》親王、源実朝《みなもとのさねとも》、九条道家《くじょうみちいえ》、慈円《じえん》、藤原為家《ためいえ》、鴨長明《かものちょうめい》などとともに「新三十六歌仙」にも数えられている。

日記では『順徳院御記《じゅんとくいんぎょき》』（別名『人左記』）。佐渡に流されたことから佐渡院と呼ばれ「佐」の字を分解して後に付けられた。建暦元年から承久三年まで残存）がある。政治的な記述はなく歌会に関するものがほとんどで、朝廷の行事や周りで起こった出来事が感情を込めて記されている。

そして、『八雲御抄《やくもみしょう》』。在位中に稿本をまとめ佐渡で補訂し完成したといわれる。和歌の正義・作法・枝葉・言語・名所・用意の六項目にわたり歌論の要点を解き明かしている。その歌論の中心は「歌を詠むことは、心をただ強くして艶《えん》に聞こえ、風情を求めてすぐなるべきなり」「歌のよきやうは、ただすぐに艶なるべきなり」「奥儀肝心すぐに歌を詠めと教ふるを詮とするところなり」とあるように、素直で優艶な歌を詠むことを重んじた。

のちに記す能の大成者、世阿弥も佐渡に流されてくるが、その著『風姿花伝《ふうしかでん》（花伝書）』の中に、「すぐなる能には、たとひ幽玄の人体にて、硬き言葉を謡ふとも、音曲の懸かりだにさやかならば、これよかるべし」とある。

ここでの「すぐなる」は「素直な」というような意味に解され、「それが大変よいのだ」とされている。したがって、院の強調する「すぐ」というのも「素直な」「まっすぐな」こと、英語だとsoonよりはrightlyに近く、また「艶」は「あでやか」「優美・上品」「幽玄なること」、これも英語にすればsexyやeroticではなく、enchantingやrefined、glossyなどが当てはまるかもしれない。「美の鬼」とも「美の使徒」とも称され、美への執念は晩年まで衰えることがなかった藤原定家は著書の中の所々にこの「艶」または「妖艶《ようえん》」という言葉を配している。

その定家の父であり師でもある[2]藤原俊成は、次の言葉を遺している。

歌は広く見、遠く聞く道にあらず。心より出でて自らさとるものなり。

『八雲御抄』は、後世に至るまで大きな影響を及ぼし、蕉門俳諧においても特に尊重された歌学史上類稀《たぐいまれ》なる雄編とされる。

『八雲御抄』では、佐渡の配所での執筆を推測させるセンチメンタリズムの片鱗も院は見せていない。ここでは、繊細かつ優美な歌を詠む作家ではなく、真摯《しんし》に歌学を究めようとするクールな学究に徹している。

皇室の伝統、宮廷の文化の真髄は、「祖先や自然の神々を敬い祀られる祭祀が根本にあり、雅やかな大和言葉により御心を和歌に詠まれる」ということであろうか。この真髄を『禁秘御抄』と『八雲御抄』が具体的に示している。

院は多くの御著作を著された歴代の天皇の中でも稀有《けう》な帝のおひとりであられ、かつ御著作の各々はみな素晴らしい内容で、順徳天皇は傑出した〝行動する学者天皇〟として、今日の学界でも高く評価されている。

次の句は俳聖松尾芭蕉の『奥の細道』の中の名吟である。

荒海や佐渡に横たふ天《あま》の川《がは》　　松尾(3)　芭蕉

越後路出雲崎の海岸に立ち、彼方に横たわる佐渡が島を前に詠んだ。芭蕉が訪れた旧暦七月初めは、日本海の波はそれほど高くなく、随行の曽良《そら》の日記によると、ほとんど毎日雨が降っており、佐渡も見えず、天の川も見えなかった。

しかし、芭蕉の心の中には、順徳天皇の二十二年の在島生活、そこで完成された名著『八雲御抄』、そして悲しい最期が見えていた。「荒海」は院の承久・仁治の悲運を、「天の川」は都の方に落ちかかっている天《てん》の河《かわ》を表し、（院を都へ御帰ししたかった）それを思うと万感胸に迫り、その心象風景を十七文字に込めたという説もあるが、同感である。

上代から平安中期頃までは、朝廷にとって「和歌を詠《よ》み」「歌集を編《あ》む」ことは、「敷島《しきしま》（大和国、日本）の道」としていわば政《まつりごと》（政治）そのものであった。

後鳥羽上皇勅命による『新古今和歌集』の序文には、

（前略）和歌は世を治め、民をやはらぐる道とせり。（後略）

と記されている。

古来、言葉には霊的な力が宿ると信じられ、万葉時代に言霊《ことだま》信仰が生まれた。声に出す呪文や祝詞《のりと》、経文《きょうもん》、讃美歌などは禍々《まがまが》しい魂や霊を追い払い浄化する作用を有していると考えられた。

初の和歌の歌論書ともいえる『古今和歌集仮名序《かなじょ》』を書いた平安時代の理知的歌人、紀[4]貫之は、このように記している。

やまとうたは、ひと《人》のこころ《心》をたね《種》として、よろづ《万》のこと《言》のは《葉》とぞなれりける。

言霊とともに、日本古来の伝統として、願いを声に出して実現化をはかることを「言挙《ことあ》げ」という。現在も皇族が催す宮中歌会始《きゅうちゅううたかいはじめ》に代表される歌会における披講《ひこう》は独特の節を付けて詠みあげる。

神代《かみよ》の時代、須佐之男命の詠んだ日本最古とされる和歌。

八雲《やくも》立つ出雲《いずも》八重垣《やえがき》妻籠《つまごみ》に
八重垣作るその八重垣を

須佐之男命(5)

歌意は以下となる。

（出雲の空にある群雲《むらくも》のように幾重にも塀を作って、大切な妻が住む新居を建てたことだよ）

何度も声に出して詠ずると、弾むような躍動感とともに新婚の嬉しい気持ちが伝わってくる。

昭和二十年（一九四五）八月十四日、終戦を御聖断された昭和天皇が「祈り」を御感慨されて詠まれた御製がある。

海の外《と》の陸《くが》に小島にのこる民の
　うへ安かれとただいのるなり

昭和天皇(6)

爆撃にたふれゆく民の上をおもひ
　いくさとめけり身はいかならむとも

昭和天皇

身はいかになるともいくさとどめけり
　ただたふれゆく民をおもひて

昭和天皇

国がらをただ守らんといばら道
　すすみゆくともいくさとめけり

昭和天皇

「民の上をおもひ」「いくさとめけり」「身はいかならむとも」などの歌句が繰り返されるこれら四首は昭和天皇の真《まこと》の大御心《おおみこころ》そのものであり、和歌が天皇の胸懐を表しうる詞《ことば》であることの証である。

ここでの「祈り」は、神々に祈られ、そのお力を請われることで国家の平和と民の安寧・幸福を祈ることである。

御前会議において昭和天皇は「私自身はいかになろうとも、私は国民の生命を助けたいと思う。私は常に国民とともに再建に努力する」と宣《のたま》われた。さらに、終戦後、連合国軍最高司令官総司令部（ＧＨＱ）ダグラス・マッカーサー最高司令官を御訪問された時、「私は国民が戦争遂行にあたって政治、軍事両面で行ったすべての決定と行動に対する全責任を負う者として、私自身をあなたの代表する諸国の裁決にゆだねるためにおたずねした。貴下は私を絞首刑にしてもよい。しかし私の国民を飢えさせないでほしい」と述べられた。戦争の「全責任」を御自身が負われるという強い御覚悟に心打たれる。

（1）明治天皇《めいじ》　第百二十二代天皇。孝明天皇《こうめい》の第二皇子。名は睦仁《むつひと》。幼名、祐宮《さちのみや》。慶応三年（一八六七）、践祚《せんそ》。徳川慶喜の大政奉還により王政復古の大号令を発し、翌年「五箇条の御誓文《ごせいもん》」を宣布、東京に遷都。軍人勅諭・大日本帝国憲法・教育勅語の発布などをとおして近代天皇制国家を確立した。

（2）藤原《ふじわらの》　俊成《しゆんぜい》　平安後期の歌人。名は「としなり」とも。定家の父。法名、釈阿。幽玄体の歌を確立し、王朝歌風の古今調から中世の新古今調への橋渡しをした。後白河院の院宣により、『千載和歌集』を撰進。家集に『長秋詠藻』、歌論書に『古来風体抄』など。

（3）松尾《まつお》　芭蕉《ばしよう》　江戸前期の俳人。俳諧の革新を大成した蕉風の祖。伊賀国阿拝郡（現在の三重県伊賀市）出身。名は宗房《むねふさ》。幼名、金作。通称、甚七郎など。俳号は初め宗房《そうぼう》、のち桃青・芭蕉。別号、釣月軒・泊船堂・風羅坊など。藤堂良忠（俳号、蟬吟）に仕えたが、良忠の病死とともに致仕。のち江戸に下り延宝八年（一六八〇）、深川の芭蕉庵に入居。談林風の俳諧に飽き足らず新風を求め、漢詩文調、破格調を経て蕉風を確立。以後、没年まで各地を行脚。紀行文を残し、その間、ますます円熟の境地を示し、蕉風俳諧の頂点をきわめた。さらに「高悟帰俗」の理念のもと、晩年に至り「軽み」を提唱。元禄七年（一六九四）、西国行脚を志したがその途次、五十一歳で大坂で病没した。句は『冬の日』『曠野』『ひさご』『猿蓑《さるみの》』などに収められ、ほかに紀行文『笈《おい》の小文《こぶみ》』『野ざらし紀行（甲子吟行《かつしぎんこう》）』『奥の細道』など。

（4）紀《きの》　貫之《つらゆき》　平安前期の歌人。三十六歌仙のひとり。大内記・土佐守などを歴任。紀友則《きのとものり》・凡《おおし》河内躬恒《こうちのみつね》・壬生忠岑《みぶのただみね》と古今集の撰にあたり、仮名序を書いた。著書に『土佐日記』、家集に『貫之集』など。

（5）須佐之男命《すさのおのみこと》　記紀・風土記などに見える神。『古事記』では、伊邪那岐命《いざなぎのみこと》の御子《みこ》とされるが、『日本書紀』では、伊弉諾《いざなぎ》・伊弉冉《いざなみ》二神の間に生まれたとされる。天照大神《あまてらすおおみかみ》の弟。その凶暴さによって地上また高天原《たかまがはら》を追放され、根の堅州国（記）、或いは根の国（紀）の主神となる。その途次、出雲国にて、八岐大蛇《やまたのおろち》を退治、稲田姫《いなだひめ》と結婚して宮を営んだ。また子とともに新羅《しらぎ》に渡り、日本に植林法を伝えたという別伝もある。暴風神・農業神・英雄神など多面的な神とされる。

（6）昭和《しょうわ》天皇　第百二十四代天皇。大正《たいしょう》天皇の第一皇子。名は裕仁《ひろひと》。大日本帝国憲法下では、唯一の主権者として統治権を総攬《そうらん》したが、第二次世界大戦後、神格化を否定する「人間宣言」を発表、日本国憲法の成立で、日本国および日本国民の統合の象徴となった。生物学の研究でも知られる。

承久の変

源頼朝による鎌倉幕府が開闢《かいびゃく》し、坂東武者《ばんどうむしゃ》による政《まつりごと》が動き出した。
〝治天の君〟として朝廷に君臨していた後鳥羽上皇は源氏将軍が絶えた後、次第に専横を極める鎌倉幕府に対して、朝廷方の勢力の巻き返しを図るため、期待どおりに成長した青年帝、順徳天皇に大きな期待をかけておられた。それを傍証する父子の御歌がある。

奥山のおどろが下も踏み分けて
　道ある世ぞと人に知らせん

後鳥羽上皇

承元《しようげん》二年（一二〇八）、住吉社の歌合において、「幕政により掻き乱された現状を打破し、真の〝道ある世〟を回復して天下万民に知らしめたい」との宿願を神前に捧げられたものと解される。対して順徳天皇は、六年後の建保《けんぽう》二年（一二一四）、十八歳の時、

奥山の柴の下草おのづから
　道ある世にも会はむとすらむ

と詠んでおられる。

父帝と同様に〝道ある世〟との再会、朝儀再興を目指す願望をお詠みになられたものと解される。

建暦三年（一二一三）二月二十七日、鎌倉幕府第三代将軍・源実朝《みなもとのさねとも》は二十二歳の時、正二位に叙せられた。その時の歌がある。

山は裂け海は浅せなむ世なりとも
君にふた心わがあらめやも
源[1] 実朝

もちろん、君は後鳥羽上皇をさす。

大海《おほうみ》の磯もとどろに寄する浪
割れて砕けて裂けて散るかも
源 実朝

実朝は後鳥羽上皇や藤原定家から万葉風、新古今風の両方を会得《えとく》したが、やはり武家の棟梁らしく「ますらをぶり」のダイナミックな歌詠みとして知られ、小倉百人一首にも選ばれており、家集『金槐《きんかい》和歌集』を自撰するほどの歌人であった。

承久《じょうきゅう》元年（一二一九）一月二十七日の鎌倉は日が落ちると雪が降りて来た。この日、後鳥羽上皇が名付け親でもあり、幕府の将軍として大きな期待をかけていたその実朝の右大臣就任拝賀の式典が鶴岡八幡宮で執り行われていた。

儀式を終えた実朝が雪の降り積もった八幡宮の石段を降りると、石段脇の大銀杏の樹の陰に隠れていた甥の公暁《くぎょう》が「親の仇はかく討つぞ」と叫び実朝の首を掻き落とし、雪の境内を鮮血で染めた。この瞬間、源氏の系譜は絶えた。朝廷にも幕府にも衝撃が走り、不吉な予兆を暗示する歴史の歯車が動き出す。

幕府は早速、新しい鎌倉殿として順徳天皇の同母弟、雅成《まさなり》親王（六条宮）ないし異母弟、頼仁《よりひと》親王（冷泉宮）を迎えたいと後鳥羽上皇に申し出た。すると、後鳥羽上皇はこの機に幕府に対し条件を突きつけた。近臣を鎌倉に送り、愛妾で白拍子《しらびょうし》の亀菊《かめぎく》（伊賀局《いがのつぼね》）所領の地頭職の撤廃などを提示。しかし、執権・北条義時は、

幕下将軍の時、勲功の賞に募り定補せらるるの輩、指したる雑怠無くして改めがたし

（『吾妻鏡』より）

（頼朝公が恩賞として任命された地頭は、たいした罪もないのに解任することはできない）

として上皇の命を拒否。逆に、義時は弟の時房を上洛させ、武力による恫喝《どうかつ》を背景に交渉を試みるが、後鳥羽上皇の態度は強硬で不調に終わる。これにより義時は皇族将軍を諦め、摂関家から将軍を迎えようと企図し同年六月、源頼朝の妹の曾孫に当たる左大臣九条道家（順徳天皇の后妃、立子《たつこ》の弟）の子で二歳の三寅《みとら》（のちの四代将軍九条〈藤原〉頼経《よりつね》）を鎌倉殿として迎え、執権が幕府の実質的支配者となって政務全般を司る執権体制を敷いた。この将軍継嗣問題は後鳥羽上皇にも義時にも遺恨を残すこととなった。

七月、王権の象徴である大内裏が焼失。その再建もままならず後鳥羽上皇は苛立ちを募らせた。

承久二年（一二二〇）は、「嵐の前の静けさ」ともいうべき沈黙の年であった。

今こそ、北条執権体制を倒す好機と見た後鳥羽上皇は、これまであった北面の武士に加え、新たに西面の武士を創設するなど、軍事力の増強に努め、北条追討に向け着々と布石を打ち出していた。朝廷と幕府の緊張はしだいに高まり、後鳥羽上皇は北条氏を将軍家の家司《けいし》筆頭に過ぎない者と位置づけ、義時追討の意思を固めた。

順徳天皇は父君に即座に同意するも、土御門上皇は挙兵には消極的だった。土御門上皇のこの態度に、穏和な性格を「ぬるい」とし幕府に対処するには心許無《こころもとな》いと見た後鳥羽上皇は、土御門天皇にわずか十五歳で退位を迫った。土御門上皇はこの時の不本意な退位、婚姻時のいきさつなど、父君からの待遇を順徳天皇と比較し、ひとつ違いの弟君（順徳天皇）を意識し内心穏やかならざる思いで在らせられたのかもしれない。

『増鏡』はその時の土御門上皇の心の内をこう記している。

世のいと心やましきままに、かやうの御騒ぎにも、ことにまじらひたまはざめり。

（『増鏡』より）

（世の中がおもしろくない。だから、騒動に加わらない）

さらに、土御門上皇の母は承明門院在子《しょうめいもんいんざいし》、源通親《みちちか》の女《むすめ》で源氏の系譜。一方、順徳天皇の母は修明門院重子《しゅうめいもんいんじゅうし》、藤原範季《のりすえ》の女で平氏の系譜。この土御門上皇と順徳天皇のバックボーンの対比がのちの皇統の運命を決めることにもなる。

挙兵には公卿たちの多くも反対、または消極的であった。そして、天台座主であった慈《じ》円《えん》[2]は、大甥の九条道家の後見人を務め、公武の協調を理想としており、後鳥羽上皇の挙兵の動きを苦々しく傍観し、著作『愚管抄《ぐかんしょう》』はそれを諫《いさ》めるために書かれたともされる。

はてはて又はじまる世とや照らすらん
　さらばたのもし秋の夜の月
慈円[3]

と、ある意味で後鳥羽上皇を皮肉り見限ってしまっているかのような歌である。

承久三年（一二二一）は静かに年を明けた。雪も融け、山々が新緑に覆われると、予兆の不気味な歯車は加速する。四月、順徳天皇は四歳の第一皇子、懐成《かねなり》親王（仲恭天皇）に譲位し、上皇の立場に退き自由な立場となると、後鳥羽上皇以上に積極的に挙兵に参画した。ここに一天皇、三上皇（後鳥羽上皇を本院、土御門上皇を中院、順徳上皇を新院と称した）という極めて異常な事態が出来《しゅったい》した。後鳥羽上皇は仲恭天皇の伯父にあたる九条道家を摂政とし、さらに、延暦寺、東寺、仁和寺等に内命を下し義時の呪詛《じゅそ》調伏《ちょうぶく》の加持祈禱を行った。このような中、討幕計画の流説が流布し、朝廷と幕府の対決は一触即発の情勢となった。

五月十五日、後鳥羽上皇はついに義時追討の院宣《いんぜん》を発し、践祚《せんそ》したばかりの仲恭天皇にも同様の宣旨《せんじ》を下知させて近畿、西国の武士に檄《げき》を飛ばした。朝廷方は「宣旨一度《ひとたび》出しさえすれば枯木にも花が咲く」とその効果を絶対視しており、諸国の武士はこぞって味方すると確信していた。鎌倉へは上皇挙兵の急報がその四日後に届けられた。上皇挙兵の報に鎌倉の御家人たちは大いに動揺した。しかし、頼朝の未亡人で尼将軍といわれた北条政子がこの戦いは鎌倉幕府の浮沈に関わる一大事と、居並ぶ御家人たちを前に声涙倶《せいるいとも》に下《くだ》る演説を行う。すると、彼らの心は動かされ、義時を中心に鎌倉武士たちが結集した。この瞬間、潮目が変わった。その条《くだり》が『吾妻鏡』に記されている。

皆心を一にして奉るべし。これ最期の詞なり。故右大将軍朝敵を征罰し、関東を草創してより以降、官位と云ひ俸禄と云ひ、其の恩既に山嶽よりも高く、溟渤《めいぼつ》よりも深し。報謝の志これ浅からんや。而るに今逆臣の讒《ざん》に依り非義の綸旨《りんじ》を下さる。名を惜しむの族は、早く秀康《ひでやす》・胤義《たねよし》等を討取り三代将軍の遺蹟を全うすべし。但し院中に参らんと慾する者は、只今申し切るべし。

（『吾妻鏡』巻廿五　承久三年辛巳五月十九日壬寅条より）

（皆、心を一にして聞くように。これは私の最後の言葉です。亡き頼朝公が朝敵を倒し、関東に幕府を開いて以降、官位といい俸禄といい、みな頼朝公のおかげで今があるのです。その恩は山よりも高く、海よりも深いものです。そのことへの感謝の気持ちは浅いはずがありません。ところが、今や逆臣どものいわれなき讒言《ざんげん》により、後鳥羽院は非議の綸旨を出された。名誉を惜しむならば、ただちに藤原秀康、三浦胤義らを討ち取り、亡き頼朝、頼家、実朝三代将軍の遺業を全うすべきです。ただし、院にお味方するという者がいるならば、今すぐに申し出てこの場から去りなさい）

その後の政子の行動は早かった。裁決で出撃策が決定されると幕府方は素早く兵を集め、五月二十二日には軍勢を東海道、東山道、北陸道の三方から京へ向けて派遣した。義時の長男泰時《やすとき》は途中で鎌倉へ引き返し、上皇が自ら兵を率いた場合の対処を義時に尋ねた。義時は「上皇には弓は引けぬ、ただちに鎧を脱いで、弓の弦を切って降伏せよ。都から兵だけを差し遣わされたのであれば力の限り戦え」（『増鏡』）と命じたという。幕府軍は道々で徐々に兵力を増やし、『吾妻鏡』は最終的には十九万余騎に膨れ上がった、と記す。

義時は捕らえていた上皇の使者に宣戦布告の書状を持たせて京へ追い返した。すると、幕府軍の出撃を予測していなかった後鳥羽・順徳両上皇ら朝廷方首脳は狼狽した。鎌倉の武士たちは院宣に従い義時は討滅されるであろうと信じきり、幕府の力を侮っていたのである。慌てた朝廷軍は美濃と尾張の国境の尾張川で幕府軍を迎え撃とうとした。しかし、一万七千五百騎の少ない兵力を分散させる愚を犯し、六月五日、幕府方東山道軍五万騎は大井戸渡に布陣する朝廷軍二千騎を撃破した。翌六日には泰時、時房《ときふさ》の率いる主力の東海道軍十万騎が尾張川を渡河すると、朝廷方は総崩れとなり、大敗を喫した。北条朝時《ともとき》率いる北陸道軍四万騎も礪波《となみ》山で朝廷軍を撃破して、加賀国に乱入して京を目指していた。

当初見込んでいた幕府方の離反がなく、想定外の防御戦を強いられた朝廷方は、西国の武士に対して動員の発動をするも、幕府軍の進撃が予想以上に速く、西国の武士の上洛は間に合わなかった。

美濃・尾張での敗報に朝廷方は動揺して洛中は大混乱となった。焦った後鳥羽上皇と順徳上皇らは武装して比叡山に登り、僧兵の協力を求めるが、後鳥羽上皇の寺社抑制策が災いして比叡山はこれを拒絶。やむなく、朝廷軍は残る全兵力をもって宇治・瀬田に布陣し、宇治川で幕府軍を防ぐことに決め、六月十三日、朝廷軍と幕府軍は衝突した。

朝廷軍は宇治川の橋を落とし、幕府軍が豪雨による増水のため川を渡れず攻めあぐねていたところへ、驟雨《しゅうう》のように矢を射かけ必死に防戦した。しかし、翌十四日、幕府軍は強引に敵前渡河し、多数の溺死者を出すも敵陣突破に成功。朝廷軍は潰走《かいそう》し、夜には幕府軍が洛中へなだれ込み、寺社や朝廷方の公家や武士の屋敷に火を放ち、勝敗は決した。朝廷方の挙兵から僅《わず》か一カ月のことだった。後鳥羽上皇は泰時のもとに使者を遣わし、義時追討の院宣を撤回し、「大小の事、申請《もうしうけ》に任《ま》かせて聖断あるべき」旨を伝えた。この瞬間、公武の力関係が逆転した。

鎌倉幕府は頼朝以来、主従関係が信頼関係で結ばれ、堅固な結束を基に強力な組織が形成されていた。それを表す「御恩《ごおん》」「奉公《ほうこう》」「一所懸命《いっしょけんめい》」という鎌倉武士の気概を示す三つの言葉がある。

「御恩」（褒美）として主人から与えられた「一所」（土地）を守るために「懸命」に（命を懸けて）「奉公」する（主人のために戦う）こと。

治政力もあり、深い学識と帝徳を備えられた〝父子鷹《おやこだか》〟後鳥羽・順徳両上皇は直接、土地と結びついている鎌倉武士社会の実態を知らず、その行動規範までは見通すことができなかった。それゆえ、朝廷軍や西国武士は、この統制のとれた鎌倉方の武士の前には、ひとたまりもなかった。この誤算と油断が承久の変の帰趨《きすう》を決したと言っても過言ではない。

古代中国の兵法書『孫子《そんし》』の一節、「知彼知己　百戦不殆（彼を知り己を知れば百戦殆《あや》うからず）」が脳裏をよぎる。

戦後、義時の制裁は容赦なかった。時を待たずして、首謀者である後鳥羽上皇は隠岐へ、順徳上皇は佐渡へ。挙兵に反対していた土御門上皇は、何ら関与していなかったため処罰の対象にはならなかった。これには義時の深謀遠慮があったのだが、「忍びない」と、自ら申し出て土佐（のちに阿波国《あわ》）へそれぞれ流謫《るたく》の身となり向かわれた。

土御門上皇が土佐御遷幸の際に詠んだ歌がある。繊細《センシティブ》な性格、穏和な人柄が垣間見える。

うき世にはかかれとてこそ生《う》まれけめ
　ことわりしらぬわが涙かな

土御門上皇

（このように辛い目に遭えということで、この世に生まれて来たのだろう。そう納得して苦難に堪えるべきなのに、分別もなくこぼれる我が涙だよ）

義時は後鳥羽・順徳両上皇とは対照的に土御門上皇には阿波の守護に御所を造営させるなどして厚遇し、土御門上皇の性格を御しやすいと判断し政治利用しようとした。

順徳院の同母弟・雅成親王（六条宮）、異母弟・頼仁親王（冷泉宮）もそれぞれ但馬《たじま》国（兵庫県北部日本海側）、備前《びぜん》国（岡山）へ配流となった。幼少の仲恭《ちゅうきょう》天皇は即位して僅か七十余日で即位礼、大嘗祭を行わないまま皇位を廃され、在位期間が歴代最も短い天皇となった。諡号も定められず廃帝《はいてい》、後廃帝《のちのはいてい》、半帝《はんてい》、九条廃帝《くじょうはいてい》などと称され歴史の表舞台から消された。六百五十年後の明治三年（一八七〇）、明治天皇が追謚され仲恭天皇となった。

そして、後鳥羽上皇の同母兄、守貞《もりさだ》親王（行助入道親王《ぎょうじょにゅうどう》）は天皇を経ずに後高倉《ごたかくら》上皇となり、子の後堀河《ごほりかわ》天皇が即位すると法皇として院政を敷いた。

事変に加担した公卿らは処刑され、その他の近臣も流罪や謹慎処分となった。さらに、御家人を含む朝廷方の武士が多数粛清、追放された。朝廷は京都守護に代わり新たに設置された六波羅探題《ろくはらたんだい》の監視を受けるようになり、公家や朝廷方の武士の所領約三千カ所が没収され、幕府方の御家人に分け与えられ新補地頭が大量に補任された。

義時の頭の中に、後鳥羽・順徳両上皇を外国のように抹殺することも選択肢のひとつとしてあったかもしれない。さらに、天皇（王）家を日本から消滅させ、自らが新たに王として君臨することもできた。しかし、義時はしなかった、というよりできなかった。日本は外国とは事情が違う。その事情とは、上皇でありかつては、日本の伝統で「神」そのもの、あるいは「霊威あるもの」としての「天皇」の立場であった上皇を処刑することは、秋津洲《あきつしま》日本の根幹を覆すことになる。義時はそのことをいやというほどわかっていたからである。それは、変の勃発時、泰時が義時に確認をした〝義時の指示〟に表れている。

一方、上皇を配流に留め、朝廷を存続させ、その朝廷を操ることによって全国支配を早める手段と考えたとしたらその権謀術数《ポリティクス》は的を射たことになる。

承久の変の後、幕府が優位に立って皇位の継承や朝廷の政治に干渉するようになった。慈円のいう「武者ノ世《むさのよ》」の誕生である。

幕府を自らのコントロール下に置こうとした後鳥羽上皇の目論見は外れ、勝利した幕府（北条義時）は王権をコントロールすることになった。承久の変は、武家政権が鎌倉幕府、室町幕府、江戸幕府へと継承され、幕府主導の政治体制が明治維新までおよそ六百五十年続く日本史上、画期をなす大事件であった。

承久の変の翌年（一二二二）に生まれた日蓮が、この事変を「先代未聞の下剋上《げこくじょう》」として捉えたことも興味深い。

佐渡もまた大きく変わる。それまで佐渡は朝廷の土地として国司が治めていて鎌倉幕府の手は伸びていなかった。しかし、変の後、義時は一門の鎌倉大仏《おさらぎ》氏を佐渡の守護とし、大仏氏は相模国を本領としていた家臣の本間氏を佐渡の地頭職として派遣した。こうして、承久の変を契機に佐渡も鎌倉御家人の直接支配下に置かれることになった。

何ごとぞ三《み》たりの天子三ところの
辺土に離れ歎きたまへる
与謝野　寛

（1）源《みなもとの》実朝《さねとも》　鎌倉幕府第三代将軍。頼朝の次男。母は北条政子。幼名、千幡。頼家のあとを継いで将軍となったが、実権は北条氏が握った。のち右大臣となり、鶴岡八幡宮で頼家の子公暁に殺された。藤原定家に師事、万葉調の歌を能くし、家集『金槐和歌集』がある。

（2）天台座主《てんだいざす》　比叡山延暦寺の僧職で天台宗一門を統轄する最高職。天長元年（八二四）、就任した初代座主義真《ぎしん》に始まる。以後、天台宗の高僧を官符で補する慣例が、明治四年（一八七一）に廃止されるまで続いた。現在は私称として用いられている。

（3）慈円《じえん》　鎌倉初期の天台宗の僧。関白藤原忠通《ただみち》の子。九条兼実《かねざね》の弟。諡号は慈鎮《じちん》。天台座主。『愚管抄』の著者。家集に『拾玉集』がある。吉水《よしみず》の僧正。

佐渡

佐渡は昔も今も日本海に浮かぶ孤島である。鳥の目で見れば、羽を広げた蝶のようにも見える。北に霊峰金北山《きんぽくさん》をいただく男性的な大佐渡山脈、南になだらかな山々が連なる女性的な小佐渡山脈が横たわり、両山脈に挟まれた中央部には豊潤な穀倉地帯の国中《くになか》平野が広がり、四季折々の表情を見せる日本最大の離島である。

山はをのつから《自》たかく《高》、かい《海》はをのつから《自》ふかし《深》、か丶り《語》つくす《尽》、さんうんかい《山雲海》月の
心、あらおもしろや、さと《佐渡》のうみ《海》、まんもく《満目》せいさん《青山》、なをのつから《自》、その名をと《問》
へは、さと《佐渡》ゝいふ《云》、こかね《金》のしま《島》そたへ《妙》なる

（山は高く、海は深い。山の雲、海に照る月、目に入るものみな無言だが、心を語っ

てくれている。とりわけ趣があるのは佐渡の海である。満面青山の装いをたたえ、名を佐渡という。美しい金《こがね》の島である）

世阿弥は小謡曲舞集『金島書』の「北山」の章で佐渡を讃えるがごとく謡っている。ちなみに、佐渡を「金の島」と書いたのは世阿弥が最初である。

凩《こがらし》や佐渡は流人のものがたり

長田　幹彦[1]

一方、「佐渡が島」は、「流人《るにん》の島」や「佐渡金山」を題材とした悲話、芭蕉の詠んだ「荒海の佐渡」、『鶴女房』や『山椒太夫』などの哀しい物語、賽《さい》の河原、そして鈍色《にびいろ》の空や時に牙を剥く波濤とともに、訪れた多くの文人墨客が記した沈鬱な「陰《イン》」のイメージが刷り込まれてしまっている。

太宰治《だざいおさむ》は昭和十五年（一九四〇）十一月、佐渡を訪れ『佐渡』という短編小説を書いている。

（前略）佐渡は、淋しいところだと聞いている。死ぬほど淋しいところだと聞いている。前から、気がかりになっていたのである。私には天国よりも、地獄のほうが気にかかる。（後略）

さらに、おけさ丸の船上から見た佐渡を次のように記している。

（前略）誇張ではなく、恐怖の感をさえ覚えた。ぞっとしたのである。汽船の真直ぐに進み行く方向、はるか前方に、幽かに蒼く、大陸の影が見える。私は、いやなものを見たような気がした。見ない振りをした。けれども大陸の影は、たしかに水平線上に薄蒼くみえるのだ。満州ではないかと思った。

そうではない、明るく豊かな「陽《ヨウ》」の部分もたくさんある、と声高に抗弁するつもりはなく、そんなことはどうでもいいとさえ思っている。なぜかというと、佐渡には他処《たしよ》には見られない多様で奥深い歴史や文化が重層的に横たわっているからである。

太宰が訪れた十年後、文芸評論家の亀井勝一郎《かめいかついちろう》が昭和二十五年（一九五〇）六月、来島し『美貌の皇后』と題した古典旅行記を著した。その中に「佐渡が島」という章がある。

（前略）彼方に、菅笠を二つ伏せたようなすがたの島が低く横たわっている。私はそのとき、異邦人に接するような、一種の惧《おそ》れを伴った好奇心を抱いていた。絶海の孤島、流人の島、死ぬほど淋しいところ、そういう観念をもって眺めていたようである。現実の佐渡よりも、芭蕉の『銀河序』を通してみた幻の佐渡の影響を私はつよく受けていたらしい。（中略）凄絶な寂寥感をもったこの文章が、佐渡の遠望を決定してしまったといってよい。荒涼たる夜の日本海の描写が、佐渡そのものの生命にまで枠をはめてしまったともいえる。芸術の力は恐ろしい。描かれた風景に、現実の風景が従うのである。（後略）

そして、亀井は良寛を登場させる。

（前略）たとえば日本海の沿岸に、この島を朝夕眺めながら暮らす人の身になったら、おのずから別様の感慨も湧くだろう。その代表として、良寛の次のような歌を挙げたい。

垂乳根《たらちね》の母がかたみと朝夕に
　佐渡のしまべをうち見つるかも
良寛

いにしへにかはらぬものはありそみと
　向かひに見ゆる佐渡の島なり
良寛

天《あめ》も水もひとつに見ゆる海の上《へ》に
　浮び出でたる佐渡が島山
良寛

佐渡がしま山はかすみのまゆひきて
夕日まばゆき春のうなばら
良寛

私はこの歌が好きだ。良寛は出雲崎に生れ、ここに育った。彼の母は佐渡相川山本庄兵衛の娘である。芭蕉の『銀河序』とはおよそ異った趣が歌い出されているのは当然である。のびやかに、懐しく、あたかも天平びとが春日山でも慕っているような調子がある。くりかえし読んでいると、童心の裡に、年老けていよいよかなしい良寛の長嘆息も聞えてくるようだ。悲哀が海と同じように渺茫《びょうぼう》とひろがって、それとは気づかせぬところがいい。そして佐渡が島が実にはっきり見えてくる。良寛は年少の頃から、七十五歳で没するまで、あかずこの島を眺めていたであろう。彼ほどさまざまな思いをもって眺めた人はあるまい。それは垂乳根の母のすがたでもあったろうから。

（後略）

子どもらと遊んだ後、佐渡に沈む夕日をじっと見据える背をまるめた孤独な老僧のシルエットが目に浮かぶ。

上杉謙信《うえすぎけんしん》の生涯を描いた『天と地と』に代表されるスケールの大きな歴史小説を多数、世に出した海音寺《かいおんじ》潮《ちょう》五郎《ごろう》は、

佐渡は日本歴史の上で、ゆゆしいところです。古いところでは、伴大納言善男[2]がここの出身であるという説があり、鎌倉時代となっては、順徳院のこと、その少し後に日蓮のことがあります。順徳院のことは、日本人の倫常の一大事で、遠く後世まで日本人の精神生活に強い影響を持ちました。

と記し、新潟県糸魚川《いといがわ》出身で母校、早稲田大学校歌「都の西北」の作詞者として知られる詩人・文芸評論家の相馬御風《そうまぎょふう》は、次のように記している。

歴史的にも、地理的にも、佐渡はわが国に於ける最も豊富なものを蔵する地方の一で

あるが、それよりも古来多くの詩人文人たちの感興をそそって来た点で、佐渡ほど強い魅力を持った島は他に多く類を見ない。佐渡はまったく古来の詩人たちの多くにとりての神秘な夢の国の如きものであった。

また、司馬遼太郎は『街道をゆく10　羽州街道、佐渡のみち』の中で、

佐渡は、江戸期は草高が十三万二千五百石といわれた。もしここが大名領なら、中以上の堂々たる藩が成立していたはずだが、金山があるために幕府がひらかれた最初から天領（幕府直轄領）であった。人口は、当時鉱山の流入人口が重要な要素として存在したためにしばしば変動したが、地付きの農業人口は十万人ぐらいであったであろう。天領は、大名領にくらべ、概して租税が安く、農家に多少の蓄積はできる。全国の大ていの天領の地では、村の家屋敷が、立派であることでそのことが想像できるが、佐渡も例外ではない。さらには、どんな小さな村でも、村営の能舞台をもっていたということもまた、天領らしい余裕として考えられるかもしれない。

と記した。

さらに、明治の文豪のひとり、尾崎紅葉《おざきこうよう》が明治三十二年（一八九九）夏、一ヵ月余り佐渡に滞在した。佐渡を吟じた句集『紅葉山人　佐渡句集』を佐渡の郷土史家で歌人の山本修之助が昭和六年（一九三一）編集・出版し、その序文を小説家の江見水蔭《えみすいいん》が書いている。

明治の文壇を説くとすれば、必ず尾崎紅葉の名が出る。尾崎紅葉を語るとすれば、佐渡の逸話が屹《きつ》と出る。紅葉の短生涯の間に、当人が最も深い印象を遺《のこ》したのは、佐渡の夏を措《お》いて他に有りとは覚えられぬ。佐渡の風土、佐渡の人情、それを紅葉は熱愛した。他の多くの、古今の文人墨客が、均しく佐渡を礼讃する。それ以上に、紅葉は推賞した。紅葉は佐渡の土に溶け込んだのではないかと疑はれる程であった。それは紅葉が他の文墨の士の如く、他の地の自然美なり人情美なりを、餘りに多く見なかった。知らなかった。処女が一図に初恋の士を熱愛した、それに比べても佳《よ》いと思はれる。紅葉が佐渡を見てからの新生面。彼若し健在ならば、如何なる様式で開いたらう

か。必ずや驚天動地の傑作を示したららに、それに及ばずして、病革《やまいあらた》まり、又起たず。千秋の恨事ともいふべきは是だ。（後略）

佐渡は、今、再び朱鷺《とき》が舞う島である。

平成二十年（二〇〇八）九月、来島された秋篠宮殿下・妃殿下は一羽ずつ朱鷺を放された。殿下は、朱鷺が佐渡の空を飛んでゆく様子をご覧になり詠まれた。

大空に放たれし朱鷺新たなる
生活求《と》めて野へと飛びゆく
秋篠宮文仁親王(3)

朱鷺の羽は太古より珍重され、伊勢神宮の御装束神宝のひとつ「須賀利御太刀《すがりのおんたち》」の柄は二枚の朱鷺の尾羽で飾られていて、延喜式には「柄は鴾《つき》（朱鷺の古称）の羽を以て纏《ま》け」と記されている。

正史は院が都を発《た》ったことや越後の寺泊に着いたことまでは記述してあるが、その後のことにはいっさい触れていない。佐渡では伝承として語り継がれているものは少なからずあるが、正確なところはよくわかっていない。

恋が浦に御着船の後、まず、真野の国分寺に入り、その後、行在所《あんざいしょ》を真野山の堂所に移され、八幡《やはた》、泉《いづみ》に仮宮を置かれたと比定される。

院の近習のひとりだった藤原光経は承久の変後、出家し嵯峨に、さらに高野山《こうやさん》に入った。その光経が佐渡に在る忠臣、藤原康光の許に書状を送り、奥書きには院を思う哀憐の四首の和歌がしたためられていた。

思ひやるそなたの雲のはてもなし
　みやおの山も見えずや有るらん
　　　　　　　　　　藤原⑷　光経

思ふだに悲しきものを都人
　いかなる浦の月を見るらん
藤原　光経

都だに夜半の時雨は悲しきに
　ならはぬさとのねさめをぞ思ふ
藤原　光経

和歌の浦とふ人なしもしほ草
　かきをく跡もさてや朽ちなん
藤原　光経

院は、佐渡に渡って間もない頃、仲秋の月を仰ぎ見て都を偲ばれた。

雲の上にたれ待出てながめん

去年《こぞ》のこよひの山のはの月

寂寞《せきばく》とした御気持ちがひしひしと胸に応えてくる。

（1）長田《ながた》幹彦《みきひこ》　小説家。長田秀雄の弟。東京都出身。早稲田大学卒業。兄秀雄の影響で文学を志し『スバル』『明星』に参加。小説『澪』『零落』を発表し耽美派作家として知られる。また『祇園夜話』などにより情話文学の流行をもたらす。日本ビクター顧問として「祇園小唄」「島の娘」などの歌謡の作詞もした。

（2）伴大納言善男《ばんだいなごんよしお》　平安初期の公卿。国道の五男。父の配流地、佐渡で生まれた。仁明《にんみょう》天皇に信任され大内記、蔵人頭を経て嘉祥《かしょう》元年（八四八）、参議のち大納言。傑出した人物で、政務に精通し時人に恐れられた。貞観《じょうがん》八年（八六六）閏《うるう》三月十日、応天門に放火して政敵源信《みなもとのまこと》に罪をきせ、陥れようとしたが、藤原良房に妨げられた。のち密告されて罪をあばかれ、同年九月二十二日伊豆に流された（応天門の変）。この事件は、藤原氏が古来の名族である大伴氏（淳和《じゅんな》天皇の諱《いみな》を避けて伴と改めた）を駆逐するためのものといわれているが真相は不明。この事件は『伴大納言絵詞』（伴大納言絵巻）に詳述されている。

（3）秋篠宮文仁親王《あきしののみやふみひと》　天皇明仁の第二皇子。名は文仁。昭和四十年（一九六五）十一月三十日生まれ。学習院大学卒業後、イギリスのオックスフォード大学に留学。帰国後の平成二年（一九九〇）、川嶋紀子《きこ》と結婚、秋篠宮家を創立する。同三年（一九九一）、真子《まこ》内親王、同六年（一九九四）、佳子《かこ》内親王、同十八年（二〇〇六）、悠仁《ひさひと》親王が生まれる。魚類などの生物や自然に関心が深く山階鳥類研究所、世界自然保護基金ジャパン（WWF Japan）などの総裁を務める。幼称は礼宮《あやのみや》。

（4）藤原《ふじわらの》光経《みつつね》　鎌倉期の公卿・歌人。藤原定経の男《むすこ》。姉に順徳天皇の乳母・経子《つねこ》がおり、その関係から順徳天皇に近侍。従五位上。宮内少輔《しょう》となる。承久の変後は出家して嵯峨にすみ、ついで高野山に入った。家集に『光経集』。

国分寺

まず、院が入られた当時の国分寺はどんな様子であったろうか。

恋が浦から北東へ四キロメートルほど先の小佐渡の山裾、佐渡飛鳥路《さどあすかじ》を辿ると国分寺跡（佐渡市真野国分寺《まのこくぶんじ》）がある。

国分寺跡についても『美貌の皇后』（亀井勝一郎著）は語る。

（前略）梅雨の露にぬれながら、私はこれら礎石の辺りを歩いてみた。廃墟である。しかし廃墟には廃墟としての生命がある。廃墟の夢というものもある。

これら礎石の上に朱塗の円柱がそそり立ち、甍を輝かせた天平の壮麗な寺が建って

かつては七重塔が建っていた国分寺跡

いた。千二百年という歳月がよみがえってくるのだ。私は蓮華峰寺の場合にも感心したが、国分寺をこの位置に構想した人もおそらく優れた詩人ではなかったかと想像した。国分寺は単に便宜な地とか、行政の中心地であればよいというわけではない。聖武天皇の天平十三年の詔に明示されしごとく〝造塔の寺は兼ねて国の華為り。必ず好処を択びて実に長久すべし〟というのが大事な条件である。そして佐渡の場合にはこの位置がまさに絶好なのである。（中略）

国分寺建立の年代は明らかではない。天平十三年の詔が出てからおよそ十五年後の、孝謙天皇の天平勝宝八年頃に成立したのではないかと考証されている。国分寺の塔は七重の塔であるべきことが詔に明示されているが、現在の塔礎の大きさから想像すれば、法隆寺五重塔をしのぐ七重塔が建っていたわけである。千二百年前はむろん今のような赤松の林もなく、この丘陵にそそり立つ七重塔は、おそらく国中平野のどこからでも望見できたのではなかろうか。それは佐渡における宗教的ロマンチシズムの象徴でもあったろう。（後略）

なだらかな丘陵に建つ七重塔は正安《しょうあん》三年（一三〇一）の雷火で焼失するまで文字通り島のランドマークタワーであった。院はこの七重塔をどのような思いで仰ぎ見たのだろう。塔は島の最高峰・金北山と対峙し、国中平野を中央に、真野湾を左方に、両津湾そして遥か越後を右方に見晴《みは》るかしていたに違いない。目を閉じれば、万葉の時代を呼び覚ます悠久のロマンが脳裡に広がる。

海ちかき山の中なる金堂に
　こひねがひけむ島びととおもほゆ

斎藤　茂吉

古き世の礎ありて木下闇《こしたやみ》　青野[1]　季吉

老鶯《ろうおう》や礎の石ここかしこ　中田[2]　みづほ

佐渡飛鳥路をさらに北東に進むと、山側の小高い丘に茅葺《かやぶき》の山門が見える。気を付けていないと通り過ぎてしまう。曹洞宗寿宝山太運寺《じゅほうざんたいうんじ》である。この古刹にも亀井は目配りを怠らない。

国分寺から阿仏房妙宣寺に至る道もいい。佐渡には寺が三百余もあるが、新旧をとわず風情のいい寺を時々みかける。この途中にあった太運寺という禅寺の山門のすがたに感心した。苔むした石段の下から眺めた茅葺の山門は、佐渡で私の見た諸寺の門の中で最も端正であった。背景の杉の大樹と実によく調和している。時代はそう古くはあるまいが、小さいながら清楚で、ひきしまっていて、東山時代の高潔さえしのばれる。そういう山門をつくろうと思って作ったのではなく、ただ何げなくでき上ったという趣がいいのである。

（『美貌の皇后』より）

太運寺は今、住職はいない。この山寺を令和二年（二〇二〇）、晩夏に訪れた。山門をくぐると参道の両脇の杉木立から過行く夏を惜しむのか、滝のように降り注ぐ蟬の鳴く声が暑気とともに全身を包み込む。苦痛とは感じない。余人には理解しがたい、ちょっとした自虐的愉悦感に浸る。

禅寺にふさわしく虚飾を限りなく削《そ》ぎ落としたわび・さびの境地を体現した山門の立ち位置が楚々としている。数多い佐渡の寺の中で、個人的には清水寺《せいすいじ》とともに心惹かれる寺のひとつである。

天正《てんしょう》十年（一五八二）武田家滅亡後、老臣高坂弾正昌信(3)（春日虎綱）の甥、春日惣次郎が漂泊し、この寺の羅漢堂で起居し弾正の遺著『甲陽軍鑑』(4)を書き継いだ。惣次郎は二年後、持参した鉢植えを移植した未開紅《みかいこう》という梅の咲き匂う候、四十歳で没した。その梅の木は既にない。寺内に墳墓があるという。探したが、見つけることはできなかった。新緑の春、蟬時雨の夏、紅葉の秋、雪景色の冬、それぞれに訪《とぶら》い探してみようと思っている。

さらに佐渡飛鳥路を下ると、南線と呼ばれる県道に出る。その南線を北東に進むと両津港までの中間辺りで上新穂《かみにいぼ》地区の日吉神社が真正面に現れる。地元で「山王《さんのう》さん」と呼ばれ親しまれている神社である。

隠岐へ後鳥羽院に随身した池蔵人清範《いけのくらんどきよのり》は京へ召し返された。清範は順徳院が日頃、崇拝しておられた近江の日吉神社に詣でて、佐渡におられる院に後鳥羽院の御密旨を伝え、さらに速やかに帰京できるように祈願し、奉賽《ほうさい》として神霊を佐渡に分霊することを誓い、佐渡に渡り院に供奉する。院の許可を得、嘉禄《かろく》二年（一二二六）、この山王七社（日吉神社）を創建した。隠岐における父君後鳥羽院の消息も清範は伝えたであろう。

また、院に供奉してきていた藤原康光《やすみつ》が一度京へ帰り、院の消息を母君修明門院や東一条院（立子妃）に伝え、再び佐渡へ立ち還った。藤原定家の『明月記《めいげつき》』には、院に付き添った女房の督典侍が、九年ののち、病で帰洛したことや薬師《くすし》（医者）が京から佐渡へ派遣されたことが記されている。『承久記』にも、

御物思ノツモリ、日ニソヘテノミナヤマセ給ヘバ、京ヨリモ薬師ナド参ルナルベシ

との記事が見られ痛々しい。

在島十一年目、院三十六歳時の貞永《じょうえい》元年（一二三二）六月十三日、藤原定家は後堀河天皇から『新勅撰和歌集』編纂の勅命を受け、撰出を開始。そのことを伝え聞かれた院は、定家が撰歌資料を求めてくることもあり得ようと予想されたので、『順徳院御百首』を同年完成された。それ故、この歌集は在島中の詠作にもかかわらず感興を詠む詠物《えいぶつ》は少なく、題詠《だいえい》的なものが多い。後鳥羽院の『遠島御百首』や『土御門院御集』に見出されるような激しい悲鳴や恩郷の念を詠じた歌はほとんど含まれていない。しかし、定家は政治的配慮により、撰入を断念せざるを得なかった。文暦《ぶんりやく》二年（一二三五）三月、撰進《せんしん》された『新勅撰和歌集』には三院の歌が一首も入っていないことを聞き知られ、院は深い失意を味わわれた。嘉禎《かてい》三年（一二三七）、院は『順徳院御百首』の歌に対し、隠岐の後鳥羽院の墨点、京の定家の朱点と判詞を請うた。

次の御製はその中における数少ない詠物歌だろうと思う。

人ならぬ石木《いはき》もさらに悲しきは
　みつの小島の秋の夕暮

この御製は『古今集』巻二十東歌の陸奥歌、

小黒崎みつの小島の人ならば
　都のつとにいざと言はましを

を本歌とし、『白氏文集《はくしもんじゆう》』巻四の新楽府「李夫人」中の「人非木石皆有情」に拠《よ》る。歌意は、

〈都へさあ行こう、とだれもいってくれない私は、みつの小島同然で、人ではなく非常な木石みたいな存在だが、寂しい秋の夕暮れに接すると、いよいよ悲しさを禁ずる

ことができない）

というもので、抑制した婉曲《えんきよく》な表現ながら、帰京の許されぬ身を詠嘆されている。院の和歌の師、定家はこの歌を「此の卅一文字《みそひともんじ》、また字毎に感涙抑え難く候。玄の玄（奥深い）、最上に候」と絶賛している。他に、

追風にたなびく雲の早ければ
　行とも見えぬ秋の夜の月

爪木《つまき》こる遠山人は帰なり
　里までおくれ秋の三日月

帰る雁なみだや秋にかはるらむ
　野辺はみどりの色ぞそひゆく

いかにせむ奥も隠れぬ笹垣の
あらはに薄き人のこころを

秋風のうら吹かへす小夜《さよ》衣《ころも》
見果てぬ夢は見るかひもなし

ながめやる里だに人の跡たえて
野中の松に雪は降りつつ

など、往時の佐渡の長閑《のど》やかな情景が浮かび、清浄な調べとともに寂寥《せきりょう》とした傷心の心境が胸を打つ御歌も散見される。

のち、『順徳院御百首』の歌は『続後撰和歌集《しょくごせんわかしゅう》』『続古今和歌集《しょくこきんわかしゅう》』『新続古今和歌集《しんしょくこきんわかしゅう》』、京極為兼《きょうごくためかね》の『玉葉和歌集《ぎょくようわかしゅう》』に入集《にっしゅう》されている。

（1）青野《あおの》　季吉《すえきち》　評論家。新潟県佐渡沢根《さわね》出身。『種蒔く人』『文芸戦線』などの同人として初期プロレタリア文学の理論的基礎を築く。戦後は日本ペンクラブや日本文芸家協会などの活動に貢献。翻訳書に『蒼ざめたる馬』（ロープシン著）、著作に『解放の芸術』『転換期の文学』『文芸と社会』『佐渡』など。

（2）中田《なかた》　みづほ　俳人。本名瑞穂。島根県出身。東京大学医学部卒業。新潟医科大学教授。専門は外科学。俳句は長谷川零余子《れいよし》に兄事。水原秋桜子《しゅうおうし》・山口誓子《やまぐちせいし》等と東大俳句会を興す。

（3）高坂《こうさか》　弾正昌信《だんじょうまさのぶ》　甲斐の武田信玄に近習として仕え、信濃海津城代となる。川中島一帯を守備、上杉謙信との合戦で功をたてた。信濃の名族高坂（香坂）氏を継ぎ、のち春日《かすが》姓（春日虎綱）に戻った。通称は源五郎、弾正忠。

（4）甲陽軍艦《こうようぐんかん》　江戸初期に集成された軍学書。二十巻。甲斐の武田晴信・勝頼二代の事績によって、甲州流軍法、武士道を説く。異本が多く、作者は諸説あるが武田家老臣高坂弾正昌信の遺記をもとに春日惣次郎、小幡《おばた》下野守が書き継ぎ、小幡景憲《かげのり》が集大成したとみられる。

ほととぎす《時鳥》啼かずの里

寛延《かんえん》三年（一七五〇）の頃書かれた『佐渡風土記』によると、「始は真野浦に住せ給ひけるが、其後八幡村に遷幸なりぬ」と記され、院についての伝説が、ここ八幡《やはた》の里で語られる。

順徳院が、八幡の御所においでになっていた時のことである。ある初夏の頃、時鳥の啼《な》き渡る声に、はるか都の空をお偲びなされ、

啼けば聞く聞けば都の恋しきに
　この里過ぎよ山ほととぎす

と御歌を詠まれたと伝わる。それから時鳥はこの八幡の里だけは啼かないようになったので、「時鳥啼かずの里」と呼んでいた。ところがその後、日野資朝《ひのすけとも》卿が佐渡の島に流され、この里を訪れて、この話を聞き、

聞く人も今はなき世を時鳥
　たれにしのびて過ぐるこの里
　　　　　　　　　　　　日野　資朝

と詠んだら、また昔のように時鳥が啼き出したという。
松根東洋城も次のように詠んでいる。

帝おはしけり憂き御歌ほととぎす
　　　　　　　　　　　　松根（1）　東洋城

しかし、ここで院が詠んだとされている「啼けば聞く……」の歌は院ではなく、永仁《えいにん》六

年（一二九八）に佐渡に流されて来た公卿の作であり、歌人の京極為兼《きょうごくためかね》の歌だと世阿弥はいう。

能の大成者、世阿弥こと観世元清《かんぜもときよ》は室町幕府六代将軍足利義教《あしかがよしのり》の勘気に触れ、永享《えいきょう》六年（一四三四）五月、七十二歳の老耄《ろうもう》の身で佐渡配流へと旅立った。院が流されてから二百余年の悠久の時が過ぎていた。老芸術家は、佐渡で流人の哀しみを描いた私的散文詩ともいえる『金島書』を書き上げた。その中の「時鳥《ほととぎす》」と「泉《いづみ》」の章で、それぞれ八幡の里と泉の里を描いている。

『金島書』の中で、世阿弥が佐渡で挙げた個人名はこの二つの章に書かれている順徳天皇と京極為兼だけである。日蓮のことも、資朝のことも書いてはいない。それは、ふたりとも歌道をも含めた芸術の道で生きた人ではなかったからだろう。

若い頃より歌学の教養を積み歌道に精通していた世阿弥は「言葉の幽玄ならんためには、歌道を習ひ」（『花鏡』）と書いている。ゆえに、高名な歌人でもあった院と為兼が佐渡に流されたことを知っており、自らの佐渡配流が決まると両人の配所を訪ねようと思ったのだろう。

「時鳥」の世阿弥は八幡宮を参詣に訪れる。

（前略）敬信《けいしん》のために参詣《さんけい》せしに、爰《ここ》に不思議《ふしき》なる事あり、都《みやこ》にては、待ち聞きし時鳥、この國にては、山路は申《もうす》にをよはず、かりそめの宿《やと》の木末《すゑ》、軒の松枝《かえ》までも、耳喧《かしま》しき程《ほと》なるが、この社《やしろ》にてはさらに啼く事なし、これはいかにと尋《たつ》ねしに、宮人申やう、これは古《いにしへ》、為兼の卿の御配處也、あるとき、時鳥の啼くを聞き給て、啼けは聞く、聞けは都の、戀しきに、この里過きよ山ほとときす、と詠ませ給しより、音《ね》を止めて、さらに啼く事なしと申、（後略）

（八幡宮に参詣すると不思議なことがあった。時鳥という鳥は、都では待ちあぐねて聞く鳥である。ここ佐渡では山路はもとより、軒端の近くでさえ喧しいほどに啼くのだが、この八幡では、その音を聞かない。どうしたことかと宮人に尋ねたら、ここは古く為兼卿の御配所で、卿が、

啼けば聞く聞けば都の恋しきに
　この里過ぎよ山ほととぎす

と詠んだら、そののち啼くことがなくなった。そう、宮人が話した）

ここでの「為兼」とは「京極為兼」をいう。世阿弥は、為兼が佐渡に流されて来た故事をすでに知っていて、その故事を素材に「時鳥」の章を書き上げた。京極為兼とはどういう人物であったのか。

京極為兼は、鎌倉後期の公卿・歌人で歌聖藤原定家の曾孫。幼少より祖父藤原為家から和歌を学び、その才能を開花させると第九十二代伏見《ふしみ》天皇の東宮時代に和歌を指導し、当時の歌壇を代表する歌人として名声を博する。

弘安《こうあん》八年（一二八五）頃成立の「心のままに詞《ことば》のにほひゆく」和歌を良しとする歌論書『為兼卿和歌抄』を著し、正和《しょうわ》元年（一三一二）には『玉葉和歌集』を選集し、伝統歌風を堅持する「二条派」に対し革新的な「京極派」を自ら興し、沈滞していた当時の歌壇に新風を吹き込んだ。同時に、有能な政治家でもあり、特に伏見帝の側近として両統迭立[2]の時代にその手腕を発揮し権勢をほしいままにした。

しかし、その為兼の才が宮廷では妬《ねた》まれ、権勢が幕府を刺激し睨まれるところとなり佐渡に流された。在島五年、嘉元《かげん》元年（一三〇三）帰京が赦《ゆる》される。復帰後、信任篤い伏見上皇に再び仕え、正和二年（一三一三）、上皇とともに出家するも、翌々年、幕府の命により六波羅探題に拘禁され、翌、正和五年（一三一六）十二月二十八日、土佐国に配流となる。この度は帰京を赦されないまま河内国で没した。為兼は実子に恵まれず、京極家および「京極派」は事実上、為兼一代で断絶した。享年七十八。

二度の流刑の背景には、朝廷の権威の復権を画策していた伏見天皇と幕府の対立が激化していたことがあり、側近の為兼が天皇の代わりに処分されたと伝わる。

和歌の鬼才、為兼が佐渡で詠んだ「配所の月」がいくつかある。

くもらしと空にあふきてみる月も
秋も最中のなひは澄みけり

京極　為兼

名残ある月の影かな雁鳴て
菊咲き匂ふけふのこよひは

京極　為兼

秋もはや十といひつも三よの月
曇りはてすもすめる月かな

京極　為兼

更に行月にかこちて我涙
老のならひにこぼれけるかな

京極　為兼

順徳天皇も為兼も、よく月を詠んでいる。流刑の身であれば、なおさら月に望郷の思いを託すのだろう。

月もなほ見ぬ面影かほりけり
　泣きふるしてし袖の涙に

為兼は剛毅で一徹な性格であったようで、六波羅探題に捕まり引き立てられていく時もその泰然とした態度は当時の語り草であった。『徒然草』（第百五十三段）によると、その様子を京の一条大路辺りで見ていたひとりの青年貴族がいた。二十六歳の日野資朝である。

為兼大納言入道、召し捕られて、武士どもうち囲みて、六波羅へ率《ゐ》て行きければ、資朝卿、一条わたりにてこれを見て、「あな羨まし。世にあらん思ひ出、かくこそあらまほしけれ」とぞ言はれける。

（「ああ、羨ましい。今生の思い出としては、あのようでありたいものだ」）

こう資朝は為兼に対する憧憬と恭敬の情を発した。その資朝も九年後に佐渡へ謫落《たくらく》し、さらにその八年後、佐渡の地で斬首されるとはこの時、露ほども思わなかったに違いない。

資朝は儒学、禅学に優れ文章博士を兼任し、その才学により上級貴族である公卿まで昇った。また、身分の上下を超えて才人を集め〝無礼講《ぶれいこう》〟という茶会を主催し、文化史上大きな役割も果たした。

世阿弥の心はざわつく。五年後、赦され帰京した壮年の為兼と老齢の自分をくらべ、――自分ははたして赦され都に帰れるのか――、それを思うと強い望郷の念がこみ上げ、らしからぬ素直な感情を吐露する。末尾の「時鳥」は世阿弥の息遣いが荒れる。

（前略）おりを得《ゑ》たりや、時《とき》の鳥《とり》、都鳥《みやことり》にも聞くなれば、聲《こゑ》も懐《なつ》かし時鳥《ほととぎす》、唯啼《ただな》けや、唯啼《ただな》けや、老の身、われにも故郷《こきょう》を泣《な》くものを、（後略）

（時が来たよ、時鳥よ。都のことをこの鳥に聞けば、その声も懐かしい。時鳥よ、ただ啼いてくれ、ただ啼いてくれ。年老いた自分も、都を思って泣いているのだから。）

「唯啼けや、唯啼けや、」は世阿弥の慟哭《どうこく》であり心の叫びだろうか、悲しく谺《こだま》する。

この「唯啼けや」の畳句《リフレイン》は、平安中期の歌人、曾禰好忠《そねよしただ》の、

なけやなけよもぎが杣《そま》のきりぎりす
過ぎゆく秋はげにぞかなしき

曾禰　好忠（3）

を連想させる。さらに、『順徳院御百首』の中にも次の歌が見られる。

なけやなけしのふの山の呼子鳥《よふことり》
終《つい》にとまらむ春ならずとも

京極為兼は、第一級の歌人であり、歌論書を著し、歌集を編み、王朝文化を尊び、幕府と毅然と対峙し信念を貫いた、ゆえに遠流の刑を科せられた。生きた時代や年齢、立場こそ違うが、才能や生きる姿勢がどこか順徳天皇と重なって見える。ふたりが佐渡に流され、この島で生活したことは感慨深い、が同時に、どこか哀愁もつきまとう。

ほととぎす啼かずの里を過ぎかねて
身にこそなかね袖は濡れつつ

千葉(4)　胤明

（1）松根《まつね》　東洋城《とうようじょう》　俳人・撰者。本名、豊次郎。夏目漱石に英語を学ぶ。宮内省に入り、式部官・書記官・会計審査官等を歴任。退官後は主宰誌『渋柿』の経営と後進の指導に専心した。俳壇隠退後は芸術院会員となり、昭和三十九年（一九六四）に勲三等瑞宝章を賜り、さらに没後に従四位に追叙された。『漱石俳句研究』『渋柿句集』『東洋城全句集』の著書がある。

（2）両統迭立《りょうとうてつりつ》　鎌倉後期、後嵯峨《ごさが》天皇ののち持明院統（後深草《ごふかくさ》天皇の血統）と大覚寺統（亀山《かめやま》天皇の血統）との二つの皇統から交互に皇位に就いたこと。

（3）曾禰《そね》　好忠《よしただ》　平安中期の歌人。中古三十六歌仙のひとり。丹後掾《じょう》であったところから曾丹と略称された。伝統的な和歌に対して、新奇な用語や語法を取り入れ、百首歌や毎月集という一日一首の歌日記的な三百六十首和歌など新しい連作形式を生み出して新風をもたらし、歌壇に大きな影響を与えた。偏屈な歌人として逸話も多い。著作に『曾丹集』がある。

（4）千葉《ちば》　胤明《たねあき》　歌人。御歌所寄人。佐賀県出身。父は桂園派歌人の千葉元祐。高崎正風《まさかぜ》に歌を学ぶ。明治二十五年（一八九二）御歌所に入り、同四十年（一九〇七）寄人となる。『明治天皇御集』編纂委員。芸術院会員。

黒木の御所

八幡の里を後に、順徳天皇の配所と知った世阿弥は泉の地を訪《とぶら》う。

又、西の山もとをみれは、人家《しんか》甍《いらか》を並《なら》へ、都《みやこ》と見ゑたり、泉《いつみ》と申ところなり、これは、古《いにしへ》、順徳《しゆんとく》院の御配處《おんはいしよ》也、

（『金島書』「泉」より）

（西方の山の麓《ふもと》を見ると民家が並び都のように見える。泉というところで、昔、順徳院の御配所の地であった、）

院の佐渡での行在所《あんざいしよ》の場所は諸説ある。上陸後、まずは国分寺（真野地区）に入り、その後、堂所《どうどころ》（真野地区）、八幡（佐和田地区）、そして世阿弥ものちに住むここ泉《いづみ》（金井地

区）、最期は堂所で崩御。島といっても広大な佐渡において、二十二年の長きにわたる謫《たっ》居《きょ》生活が一ヵ所であったとは考えづらい。仮宮も含め、数ヵ所にお住まいになられたとしても不思議ではない。

ここ泉での行在所は「黒木御所《くろきごしょ》」と呼ばれ、北に霊峰金北山を望む、ごくつましい御所であった。「黒木」の名は丸木や皮付きの木材で造られたからだとされる。この御所の四隅には院の勧請《かんじょう》による御堂が配され、御持仏をそれぞれ東方に観音、西方に弥陀、南方に薬師、北方に天神を安置し、日夜拝されたと伝えられている。

田山花袋《たやまかたい》は、明治から大正・昭和期に活躍した日本自然主義文学運動の作家で『蒲団』『田舎教師』などの作品がある。また旅行家としても有名で『山行水行《さんこうすいこう》』などの紀行文を残している。花袋は、年月日は定かではないが、紀行文などから推定すると大正初年の晩夏に来島している。ここ黒木御所跡に立ち寄って、

順徳院の御事蹟は、佐渡では殊に旅客の思ひを誘った。長い年月を、この辺陬《へんすう》に過さ

れた御一生のことを考へると私は哀愁に胸をむしられずには居られなかった。院の皇女の墓がそここに残っているのも悲しかった。

（『山行水行』より）

と、承久の昔を回顧している。また、御所跡の近くの本光寺には順徳院御持仏と伝わる観音像が安置してあり、強く心ひかれ、

こうした由緒ある観世音菩薩を持っている村の人達は幸福である。こうした静かな悲しい跡を持った佐渡の人達も幸福である。

（『山行水行』より）

と、含蓄有る言葉を残している。

現在、御所跡は「黒木御所　順徳帝文学公園」として整備され、昭和天皇の東宮時代の御手植えの松をはじめ黒松が生い茂るこぢんまりした公園となっている。園内には歌人、文人の歌碑や句碑が配置されている。

吹きすさぶ音ぞ悲しきそのかみを
思ひいづみの里の松風

鈴木[1] 重嶺

青々と黒木の御所の草かくれ
ゆふたちすくるおとのしつけさ

釈[2] 迢空

今もこそ歌の帝のいきどほり
佐渡の島根の波と荒るるか

与謝野 寛

高山にむかふ宮居の跡ところ
かなしみふかき春ゆかむとす

斎藤 茂吉

日の美子が御手植松も秋雨にぬれて
さびしくたてりけるかも
相馬　御風[3]

いにしへを思ふにたへずぬかづけば
あたりにしげき虫の声々
相馬　御風

松の木のみどり吹きすぐる昼の風
閑《しづ》やかにませし旦暮《あけくれ》おもほ中
小泉　苳三[4]

つくりたる時だにあれて見えつらん
いづみのむらの大宮所

このところ黒木の御所のおんあとの
百歩に足らず松風の音

日盛《ひさかり》の草にも打泣かわける恨《うらみ》

秋雨は降らなくても袖の濡るる處《ところ》

露草や畏《かしこ》み仰ぐ梅青葉

黒川真頼[5]

下村海南[6]

尾崎紅葉[7]

江見水蔭[8]

小原烏兎

玉垣やかしづま皃《かお》の青蛙　　巌谷　小波(9)

五月雨におもひ出しけり黒木御所　　内ヶ崎　愛天(10)

ゆつり葉もありて尊き茂りかな　　松瀬　青々(11)

松風や汗はきゆれど涙かな　　大町　桂月(12)

鶯や根上り松に声高し　　中村　草田男(13)

「泉」では、

（前略）御せい《製》にも、かぎ《限》りあれば、かや《萱》か軒はの月もみ《見》つ、し《知》らぬは人の、行くすゑのそら《空》、（中略）

と記されている。

かぎりあれば萱か軒端の月も見つ
　知らぬは人の行く末の空

歌意は以下である。

（世を去りたいと思っても去ることはかなわないで、こうした草屋の軒場を照らす月を眺めるのもさだめか。人の身の行末は、どうなるものかわからない）

さらに、

（中略）雲居《くもい》の春の長閑《のとか》も、いまさもして、天離《あまさか》る、鄙《ひな》の長路《なかじ》の、御住《おす》まひ、思ひやられて、傷《いた》わしや、ところは、萱《かや》か軒《のき》はの草、忍《しの》ぶの簾《すたれ》、絶《た》え絶《た》え也。（後略）

（それにしても、雲居〈宮中〉の春ののどかな住まいにくらべれば、こうしたひなびたところに、長く住まわれたのだから、お心のほどが察せられる。訪れてみると、萱草が辺りに茂り、草葺《ぶ》きの家の軒場には、忍ぶ草がすだれのようにしなだってたれ下がっている）

と、院の配所の様子が記されているが、実際には御在所を偲ぶ建物などはすでにない。世阿弥は、院の佐渡での悲痛なようすを詳しくは知らなかったと思うが「順徳院の御配処也」につらねて「御製にも」と続けている。ここでの御製は『後鳥羽院御百首』にみる後鳥羽上皇の配流先、隠岐での歌詠である。

世阿弥は、単に「御製にも」と記するだけで、順徳院とも父君の後鳥羽院とも特定していないが、生来、鋭敏な感受性を持ち合わせている老芸術家は、順徳院と自らを置き換えて、都での生活と配所でのそれとのへだたりをこの歌を借り「栄華にも限りがあり、人の行末は予測し難い」という心情を廃墟にひとり虚しく佇《たたず》み慨歎したのだろう。

「泉」は、『後鳥羽院御百首』『古今和歌集』『続古今和歌集』『新古今和歌集』『新千載《せんざい》和歌集』『沙石《させき》集』『順徳院御百首』に載る七首の歌を鏤《ちりば》め、院への尽きぬ哀惜を吐露し追悼した章である。

（前略）光《ひかり》の蔭《かげ》の、憂《う》き世をは、君《きみ》とても、逃かれ給はめや、（中略）泉《いつみ》の水も君住《きみす》まは、涼《すゝ》しき道となりぬへし。

謡曲にしばしば出てくる「涼しき道」とは、「極楽浄土へ行く道」である。

こうして「泉」は幕が下りる。

幽玄の奥儀を極めたマエストロ《巨匠》は、今や、都から遠く離れた絶海の孤島にいる単なる老体である。昔日の思い出が脳裡を過《よぎ》る。父と申楽座《さるがくざ》を起ち上げ、周囲からは七道者《しちどうのもの》と蔑まれながらも芸美の追求に邁進し、その美貌と舞で足利三代将軍義満を魅了し、寵愛を一身に受けた。雅な世界の水の中で思う存分泳じた快感が蘇る。嘗《かつ》て誰もが羨望の眼差しを向けた鬼夜叉《おにやしゃ》や藤若《ふじわか》と呼ばれた頃の魂がその老体にすっと入り込む。孤島の草深い仮寓の一室で、仄《ほの》かな月明りのもと、今生の別れに謡《うた》い、舞う。その孤独な舞に諦観と望郷、傷心と怨嗟《えんさ》の呻《うめ》きをこめて舞ったとすれば、不気味な凄みを帯びたその姿態に怖気《おぞけ》を震《ふる》う。

青野季吉《あおのすえきち》は著『佐渡』の「佐渡の世阿弥」の章で、世阿弥の配流について「政治のなかにおかれた優れた芸術家の悲劇」と表現したが、これは同時に順徳院にも為兼にもあてはまる。

世阿弥は義教の死で、嘉吉《かきつ》元年（一四四一）、赦免されたとされる。『金島書』には永《えい》享《きょう》八年（一四三六）二月日の奥書きがあり、この年まで在島したことがわかるが、以後、消息を断つ。

その後のことを世阿弥は何も語ってくれていない。

（1）鈴木《すずき》　重嶺《しげね》　歌人・国学者。号は翠園・緑堂・知足斎・兵庫頭等。江戸出身。村山素行に和歌を学び、のち伊庭秀賢につく。勘定吟味役を経て、佐渡奉行・兵庫頭となる。維新後、浜松県知事・相川県知事を務めた。明治初期歌壇の名家。従五位に叙される。

（2）釈《しやく》　迢空《ちようくう》　国文学者・民俗学者・歌人。文学博士。大阪府出身。本名、折口信夫《おりくちしのぶ》。國学院大学卒業。國学院大学・慶應義塾大学教授。『アララギ』『日光』同人。芸術院賞受賞。歌集に『海やまのあひだ』『春のことぶれ』、詩集に『古代感愛集』、著作に『古代研究』『死者の書』など。

（3）相馬《そうま》　御風《ぎよふう》　詩人・文芸評論家。本名、昌治《しようじ》。早稲田大学卒業。『早稲田文学』の編集にたずさわり自然主義評論を執筆。また三木露風らと口語自由詩運動を推進。大正五年（一九一六）、郷里の新潟県に帰り良寛の研究に打ち込む。早稲田大学校歌「都の西北」の作詞者。著作に『御風詩集』『黎明期の文学』『大愚良寛』がある。

(4)小泉《こいずみ》　苳三《とうぞう》　大正・昭和期の歌人・国文学者。

(5)黒川《くろかわ》　真頼《まより》　国学者。黒川春村《はるむら》の養子。文学博士。東京帝国大学教授。『古事類苑』の編纂に従事。

(6)下村《しもむら》　海南《かいなん》　政治家・ジャーナリスト。和歌山県出身。本名、宏《ひろし》。新聞記者として活躍後、貴族院議員となり、昭和二十年（一九四五）、鈴木内閣の国務相兼情報局総裁として、終戦の実現に努力した。著作に『終戦秘史』など。

(7)尾崎《おざき》　紅葉《こうよう》　小説家。江戸出身。本名、徳太郎。自然主義以前の明治文壇の大家。硯友社を興して『我楽多文庫《がらくたぶんこ》』を創刊。泉鏡花ら多くの門弟を擁した。著作に『三人妻』『多情多恨』『金色夜叉』など。

(8)江見《えみ》　水蔭《すいいん》　小説家。岡山県出身。江見鋭馬の子。本名、忠功《ただかつ》。落水子等のペンネームがある。巌谷小波を知り、硯友社社員となり文筆生活を送る。

(9)巌谷《いわや》　小波《さざなみ》　童話作家。東京都出身。本名、季雄《すえお》。官僚で書家の一六《いちろく》の子。別号に漣山人。楽天居の号で、俳句・俳画も能《よ》くした。

（10）内ケ崎《うちがさき》　愛天《あいてん》　教育者・政治家。宮城県出身。本名、作三郎《さくさぶろう》。東京帝国大学卒業。イギリス留学ののち早稲田大学教授。大正十三年（一九二四）、衆議院議員となり民政党総務。衆議院副議長。著作に『近代人の信仰』『リンカーン』など。

（11）松瀬《まつせ》　青々《せいせい》　俳人。大阪府出身。本名、弥三郎。上京して正岡子規に師事し、『ホトトギス』編集に従事。のち大阪朝日新聞社に入社、晩年まで朝日俳壇を担当した。

（12）大町《おおまち》　桂月《けいげつ》　評論家・詩人。高知県出身。本名、芳衛《よしえ》。雑誌『帝国文学』に美文、文芸評論、新体詩などを発表。当時の青少年に大きな影響を与えた。詞華集に塩井雨江、武島羽衣との共著『花紅葉』『黄菊白菊』など。紀行文に『奥羽一周記』、評論に『学生訓』がある。

（13）中村《なかむら》　草田男《くさたお》　俳人。中国福建省出身。本名、清一郎。早くから文学に志し、水原秋桜子の指導を受け、『ホトトギス』で脚光を浴びる。その後『萬緑』を創刊主宰した。『長子』『火の島』などの句集のほか、著書多数。

忍び恋

黒木御所が在る旧金井町の尾花《おばな》（「お花」の名に由来）地区内の熊野神社境内に、院と里娘のロマンスを伝える石碑「お花屋敷の碑」が建っている。碑には「本屋敷《ほんやしき》村於花邸之記」として次のように刻まれている。

> 承久の帝、此国に遷幸あらせられし頃、ここにも折にふれ出ましありしとか。親の名はさだかならねど、花といへるは天離《あまさか》る鄙《ひな》には似ず、麗しき処女《おとめ》にて、帝も御心寄せられけむ。其家にいこはせ給ふこと、しばしばありしとなむ。今に花屋敷と称え、思《おもい》川《かわ》といふも其あたりにて、こは帝をおふけなくも思ひ奉りしより、後人いつとなく其名を負はせしとぞ。（後略）

院は二十代半ばに佐渡に流され、都に美しい皇后と幼い御子たちを残し、侘しい泉の黒木の御所にお住まいになられ、日夜、神仏を拝み、和歌《うた》もお詠みなされていた。また、梅や桜、野辺に咲く花々を愛でるために、折々に付近のお拾いに足を運んでいた。

秋陽がやわらかく注ぎ、爽秋の心地よい風が草木をそよがす或る日、御所を出て道々に咲く野菊の香りに誘われ遊行なされていた。時を忘れ、いつもより足を延ばすと、山裾から扇状に段々と田が広がる平場に出た。川辺の沢の石垣に囲まれた名主らしき屋敷の敷地内で、薬草を摘む乙女と目が合った。その乙女は鄙《ひな》びた里にそぐわぬほど、見目麗《みめうるわ》しい容姿の「花《はな》」という名の娘だった。院はひと目で魅了され恋に落ちた。その後もお花のもとに通い続け、やがて互いに心が通い合い、相思相愛の関係になった。

お花は屋敷のそばを流れる川のほとりで院を待ち続け、時に、淡い月明かりの下で逢瀬を重ねていった。清冽な潺《せせらぎ》のまわりでは、春には鶯が歌い、夏には螢が舞い、秋には鈴虫が奏で、あたかもふたりの逢瀬を歓迎しているかのようだった。

後人はこの川を「思《おも》い川《かわ》」と名付けた。また、お花の屋敷は「花屋敷」と呼ばれ、この地域一帯は後世、「本屋敷村《ほんやしきむら》」（「花」の草体を「本」と誤る）と名付けられ、屋敷跡には「花塚」の石碑が今もひっそりと佇んでいる。
院の佐渡で詠んだ『順徳院御百首』の中に十五の相聞歌[1]が見出されるが、以下はその中の四首である。

ひるは来るとを山鳥の契りだに
　なかき思ひに乱れてぞぬる

鳥の音の暁よりもつらかりき
　音せぬ人のゆふくれの空

あふとみて覚る夢路のなこりだに
　なほおしまるるあかつきの空

なほふかきおくとはきけとあふ事の

忍ふにかきる恋のみちかな

お花との「忍び恋」を詠じたのだろうか。院とお花のロマンスは『源氏物語』第四帖、儚《はかな》くも美しくせつない物語「夕顔」を想起させる。
源氏には葵上《あおいのうえ》という美人の正室とキャリア・セレブの六条御息所《ろくじょうのみやすんどころ》という年上の愛人がいた。しかし、素性はよくわからないが不思議な魅力を持った夕顔と出会ってからは、夕顔との逢瀬に夢中になってしまう。

最初は夕顔から詠んでいる。

心あてにそれかとぞ見る白露の
光そへたる夕かほの花

夕顔(2)

(もしか、あのお噂のお方なのでしょうか。白露に濡れて美しく光る夕顔のようなお方)

寄りてこそそれかとも見めたそかれに
　ほのぼの見つる花の夕顔
光源氏(3)

（近づいて確かめてみたらいかがですか。たそがれ時の薄明かりでほのかに見た花の正体を）

今度は源氏からである。

夕露にひもとく花は玉鉾《たまぼこ》の
　便りに見えし縁にこそありけれ
光源氏

（夕露につぼみが花開くように、お顔を見せてくださるのは、通りすがりに道でお会

いしたご縁なのですね）

光ありと見し夕顔の上露《うわ》は
　　たそがれ時のそら目なりけり
　　　　　　　　　　　夕顔

（初めて知り合ったあの時、本当は頭中将《とうのちゅうじょう》〈過去の恋人〉が戻って来たのかと勘違いして喜んでいましたの）

仲秋の満月の夜、ある荒れ果てた館で逢瀬の折、夕顔は物の怪《もののけ》に襲われ、源氏の腕の中で息絶えてしまう。物の怪は嫉妬に駆られた六条御息所の生霊《いきすだま》だった。源氏は狂おしいほどの悲歎にくれる日々を送る。

時雨降る秋の庭先に儚い夕顔との恋の想いにふける源氏がいた。

過ぎにしも今日別るるも二道《ふたみち》に
行く方知らぬ秋の暮れかな

光源氏

（亡くなった人も、今日別れてしまう人も、それぞれの道をどこへ行くのかも知れない秋の暮れだな）

院とお花のロマンスも島での寂しい仮住まいの院に対する島人《しまびと》の哀憐《あいれん》が生んだ佐渡の『源氏物語』――「お花」の巻――なのかもしれない。

院は生涯、八皇子、四皇女の十二人の御子たちを儲けられたが、うち三人は佐渡で儲けられ、一皇子、一皇女の生母は不詳とされる。

（1）相聞歌《そうもんか》　恋の歌。恋人同士の間で詠みかわされた歌。相聞はもともと中国伝来の語で「往復存問」の意とされる。これが『万葉集』では雑歌、挽歌などとともに歌の内容による分類のひとつとして用いられたが、その際、贈答、往復存問という形式面よりは私的交情という内容面が重視された。巻二、四、八、九、十、十一、十二、十三、十四の諸巻に見られ、親子、兄弟姉妹、親族、友人、知人らの間で贈答された歌も含まれる。しかし数量的には恋人同士で詠みかわされた歌、贈答されなくても恋に関係のある歌（たとえば片恋の歌、失恋の歌など）が圧倒的に多く、のちには、もっぱら恋の歌をさすようになった。

（2）夕顔《ゆうがお》『源氏物語』に登場する女性。頭中将の愛人（常夏の女）で玉鬘《たまかづら》を産み、のち夕顔の花咲く粗末な家に住んで光源氏の目にとまり愛されるが、源氏とともに夜を過ごすうち、物の怪にとりつかれて死ぬ。謡曲の『夕顔』『半蔀《はしとみ》』などにも登場する。

（3）光源氏《ひかるげんじ》『源氏物語』の主人公。桐壺《きりつぼ》帝と桐壺更衣との間に生まれた皇子。非常に美しかったため世人が「光る君」と呼んだ。物語は「桐壺」から「幻」までの四十一帖に彼の生涯が描かれている。

愛《かな》しい恋の名残《なごり》

亀井勝一郎の「佐渡が島」は、順徳院についても次のように語る。

（前略）真野山は順徳院火葬の地と伝えられる。真野湾をはるかに見渡せる景勝の地だ。順徳院は承久の変に敗れ、北条義時のために佐渡へ遷されたわけで、同時に御父後鳥羽院は隠岐に、兄君土御門院は土佐に配流された。順徳院は承久三年七月、御年二十四歳のときに佐渡に到着し、仁治三年九月、四十六歳にて薨ぜられるまで二十二年間の長きにわたって遠流の苦をうけられたのである。薨去《こうきょ》は一種の憤死であり、絶食して自らいのちを絶たれたと伝えられている。

こういう貴人の遠流の生活とはいかなるものであったか。詳細は伝わらぬが、上皇にふさわしい最低限度の待遇はうけられたようである。十二名の供奉の人々の名が伝わっている。その中には三名の女官もある。現在黒木御所跡といわれる泉の里を御料地として、この辺りかあるいは真野の村に仮住居されていたのだろう。「百敷や古き軒端のしのぶにも、なほあまりある昔なりけり」という御歌は有名である。後鳥羽院とともに国学史上見のがしえぬ歌人であるが、佐渡での御歌百首は悲しく乱れている。その中には相聞十五首あり、配所での恋もしのばれる。現在の一の宮、二の宮、三の宮と称する三つの荒れ果てた墓所(註)は、佐渡での子息、慶子、忠子、千歳宮の葬られた跡で、母君は不詳と記す。真野山稜もさることながら、遠流の帝王のかなしい恋の名残りと思えば、この三つの墓所もあわれ深い。(後略)

(註)「三つの荒れ果てた墓所」は現在、宮内庁管理のもと整備されている。

佐渡奉行所地役人・儒学者の田中葵園《きえん》が編纂し、明治二十二年(一八八九)に刊行された『佐渡志』では「旧記によると順徳上皇此国に移らせ給ひし後、二人の皇女、一人の皇子降誕あり。御母は供奉の宮女三人の中に誰にかありけむ定かならず。後薨ぜさせたまひて、国人等神として祀り一宮、二宮、三宮大明神として仰ぎぬ」と伝えられている。

一人目は慶子《よしこ》女王、嘉禄《かろく》元年（一二二五）〜弘安《こうあん》九年（一二八六）、享年六十二。生母不詳とされるが督典侍が生母とされる説もある。地頭本間治郎兵衛が預かって守護した。和歌を能くし、薨去《こうきょ》後は嶋照姫大明神《しまてるひめだいみょうじん》として一宮《いちぐう》神社に祀られた。生前、御座所となった寺は慶宮寺として神社の別当寺となった。陵墓は「順徳天皇皇女　慶子女王墓」として畑野《はたの》地区宮川《みやかわ》に在る。春には寺の周囲は色鮮やかに咲き誇る山吹の花に囲まれる。

地元の人々は、佐渡で生まれた遠い昔の女王を今でも「慶子さま」と、敬意と親しみを込めて呼んでいる。

院が慶子女王のもとを訪ねた折に詠んだ御製がある。

河の瀬に秋をや残す紅葉《もみじ》はの
　うすき色なる山吹の花

佐渡に配流された順徳上皇が最初に儲けた子女・慶子女王の陵墓

慶子女王も父君に応えるように詠んだ。

松あれば佐渡ヶ島なる辛崎《からさき》も
　しかすがにこそ見まくほしけれ
　慶子女王

玉敷きの都の春もしらずして
　ひとりかれけん姫百合の花
　千葉　胤明

山吹や島に生れし皇女塚
　山本⑴　修之助

それぞれ、儚く愛《かな》しい香りが漂って来る。
二人目は忠子《ただこ》女王、貞永《じょうえい》元年（一二三二）～

建長元年《けんちょう》（一二四九）、享年十八。生母不詳。地頭本間左衛門尉が預かって守護した。忠子女王もまた和歌を能くした。薨去後は玉嶋姫大明神《たましまひめだいみょうじん》（のち二宮《にくう》大明神）として佐和田地区二宮の二宮神社に祀られた。陵墓は「順徳天皇皇女　忠子女王墓」として二宮神社境内に在る。

長木《ながき》にお住まいの忠子女王は、宮川に居られた七つ上の姉君慶子女王を度々お訪ねになられた。途中、機川《はたかわ》（小倉川《おぐら》の別称）で、

青柳の絲《いと》ひき添ふる機川《はたかわ》は
　波の綾織るひまやなからん
忠子女王

という歌を詠まれ、帰る途次の織橋《おりはし》では、

またも見ん賤《しず》が五百機《いほはた》織橋の
　織《お》りな忘れぞ山吹の花

と、詠まれた。

忠子女王

この地域に桜の老木がそびえていた。院はこの桜をいたく愛し、近くに仮宮をつくり満開の頃、幼い忠子女王を伴って花見を楽しまれた。五月には花菖蒲《はなしょうぶ》の咲き匂う場所でもあったという。花と歌を愛された院の面影が偲ばれる。

春の日の長木の里は隣より
となりつづきに梅が香ぞする

忠子女王

この和歌について、司馬遼太郎が長木の地を車で通りかかった折、『街道をゆく10 羽州街道、佐渡のみち』の中の次のような一節がある。

「いい歌ですね」

というと、山本翁(註)は即座にうなずかれた。翁は『海濱秘唱《かいひんひしょう》』という詩集を持っている人である。長年この歌に親しんでいるが飽きの来ないいい歌です、と言い添えられた。歌のいのちのひとつは調べだと思うが、この歌は調べもいい。

「いくつのときの歌でしょう」

ときくと、忠子内親王は十八歳でなくなられていますから……とだけ答えられた。作者の年齢を聞くと、いっそう歌が匂うように思われてきた。あるいは十七、八のころ、病床で春を迎え、縁《えん》に満ちている陽を見て日が長くなったことを思ううちに、やがて梅の香が風に乗ってきたのであろう。彼女は在所の女性を母とし、佐渡のこの土地しか知らず、宮廷生活などは経験したこともない。この歌のたちのよさは彼女の詩才によるとしても、調べのととのい方は、父の順徳院から教わったものにちがいない。

(註)山本修之助のこと。

三人目は千歳宮《ちとせのみや》、諡号《しごう》は成島《なるしま》王。嘉禎《かてい》三年（一二三七）～建長《けんちょう》六年（一二五四）、享年十八。生母不詳。薨去後は親王大明神《しんのうだいみょうじん》（のち三宮《さんぐう》大明神）として三宮神社に祀られた。陵墓は「順徳天皇皇子　千歳宮墓」として畑野地区三宮に在る。

塚の名の梅や筑紫の種ならば
　木間に花の猶こもるらむ

千歳宮成島王

院崩御時、仁治三年（一二四二）、残された慶子女王は十八歳、忠子女王は十一歳、千歳宮は六歳であった。如何《いか》ほどの悲しみの淵に沈まれたことであろう。

さらに、院の第六皇子、善統《よしむね》親王（四辻宮《よつつじのみや》）、貞永《じょうえい》二年（一二三三）～文保《ぶんぽう》元年（一三一七）、享年八十五。生母は、後述の彦成《ひこなり》王の生母でもある中納言藤原範光の女、督典侍。皇子は院が配流された後、誕生したことから佐渡で生まれたとされるが、督典侍が帰京して産んだとも想定されており、定かではない。院の母君、修明門院に養育され、正応《しょうおう》四年

（一二九一）、出家後は四辻入道親王《よつつじにゅうどう》と称される。

（1）山本《やまもと》修之助《しゅうのすけ》　歌人・郷土史家。明治三十六年（一九〇三）、新潟県佐渡真野新町出身。大正時代から昭和時代にかけて作詩・作句を通して郷土の文学を考えた文芸家、佐渡郷土史研究家。柳田国男、武井武雄を知って民俗学に志し、父の山本半蔵の影響もあって、歴史資料の保存を重んじ、広く佐渡の文化の根源を掘り起こそうとした。民俗学関係の著書が最も多い。『佐渡の郷土玩具』『佐渡の人形芝居』『相川音頭全集』などでは、自ら収集した資料によって、生活と一体であった庶民文化の一端を明らかにした。また『佐渡の民謡』『佐渡の伝説』『佐渡のわらべ唄』『佐渡の貉の話』などの口承記録は、佐渡人の心を残そうとしたものである。また歴史の資料などをもとにした『佐渡の百年』は、近代の佐渡の先人たちがどのように生きてきたかを平易に書いたものであるが、著名人はもとより、あまり世に知られていない井杉延太郎（烈士）、佐々木佐与吉（首人形製作者）、河原一郎（外交官）なども登場する。昭和三十二年（一九五七）以来、家蔵の歴史資料を中心に『佐渡叢書』十六巻を刊行した。特に基礎的資料が多い。旧制佐渡中学校を病気のため退学し、新潟貯蓄銀行真野代理店などに勤務。同二十三年（一九四八）より真野中学校に勤め、同校の校歌・応援歌などを作詞するが、同二十七年（一九五二）十一月、総理府事務官に採用され、宮内庁書陵部順徳天皇御火葬塚に勤務し、同四十六年（一九七一）三月、退職。平成五年（一九九三）一月二十五日没、八十九歳。

御父の死

貞応《じょうおう》三年（一二二四）六月、北条義時が急死。京の六波羅探題北方として、朝廷の監視、畿内近国以西の御家人たちの統括にあたっていた義時の長男、泰時が鎌倉に戻り第三代執権となった。

泰時は叔父の時房を京から呼び、合議制を採用し集団指導体制を整備。また、五十一条から成る初の武家法『御成敗式目《ごせいばいしきもく》（貞永式目《じょうえいしきもく》）』を制定し鎌倉幕府の統治体制を盤石なものにした。

一方、都《みやこ》への還御を希求する院の心を打ち砕く出来事が次々と起こる。

寛喜《かんき》三年（一二三一）十月、兄君土御門上皇が我が子、邦仁《くにひと》親王（後嵯峨天皇）の践祚《せんそ》を見ることなく阿波国で崩御。享年三十七。

貞永元年（一二三二）十月、後堀河天皇が退位し、わずか二歳の後堀河天皇の皇子、秀《みつ》仁《ひと》親王が即位（四条《しじょう》天皇）。

天福《てんぷく》元年（一二三三）九月、九条道家の女《むすめ》、後堀河天皇の中宮、竴子《そんし》が皇子を死産後、崩御。享年二十五。

天福二年（一二三四）五月、院の配流時、四歳だった愛息、仲恭天皇が十七歳で崩御。

八月、後堀河上皇、崩御。享年二十三。

延応《えんおう》元年（一二三九）二月、敬愛する御父、後鳥羽院が隠岐で在島十九年ののち、崩御。享年六十。


後鳥羽院の辞世。

眺むれば月やはありし月やあらぬ
うき身はもとの春にかはれる
後鳥羽院

知らせを聞いた院は悲歎の涙に暮れ、詠まれた慟哭《どうこく》の三首。

のぼりにし春の霞をしたふとて
　染むる衣の色もはかなし

入る月の朧《おぼろ》の清水いかにして
　つひに澄むべき影をとむらん

春の夜の短き夢と開きしかど
　長き思ひの醒むる間もなし

さらに、御文を見ての悲傷の二首。

君もげに是ぞ限りの形見とは
　知らでや千代の跡をとめけん

同じ世の別れはなほぞ忍ばるる
　空行く月のよその形見に

敬愛する御父後鳥羽院が最晩年、隠岐の島でお詠みになられたのが次の歌である。

同じ世にまた住の江の月や見む
　けふこそよそに沖の島守

後鳥羽院

後鳥羽院と順徳院は隠岐と佐渡の間で相互に書状、詠草《えいそう》、歌書などのやり取りをされており、送られて来た所収歌のこの御製を読まれ、今生の別れを嘆かれて御詠みなされたのであろうと拝察される。

存命無益

仁治《にんじ》三年（一二四二）は、順徳上皇にとって運命の年となる。年明けの一月早々から不吉な前兆が現れる。十二歳の四条天皇が廊下で転倒し崩御した。四条帝には後裔がなかったため、皇位継承の皇胤《こういん》としては、土御門上皇と順徳上皇の皇子がいるだけであった。そこで、修明門院（院の母君）と摂政・九条道家は院の第五皇子、忠成王《ただなりおう》を強く推挙した。道家は院の皇后・立子の弟で、院の信任も厚く復権のための期待を寄せられていた。道家もまたその期待に応えるよう努力をした。院は道家に、いつかは都に帰れるだろうという淡い期待を和歌に託して送られた。

ながらへてたとえば末にかへるとも
　うきはこの世の都なりけり

道家の返歌は、

いとへども猶ながらへて世の中に
　　うきをしらでや春をまつべき
　　　　　　　　　　九条[1]　道家

（この世を厭《いと》ってもやはり生きながらえて、つらさを忘れて春をお待ちになるべきではありませんか）

激励と戒めがのぞく。しかし、院の〝春〟は来なかった。

忠成王の即位は、父の順徳上皇が配流先の佐渡で存命のため、反幕運動が再燃することを懸念するとともに、順徳上皇の血統を絶つために北条泰時が強硬に拒絶。結果、承久の変に加担せず、さらに北条と縁戚関係にあった土御門院の第三皇子、邦仁《くにひと》親王が即位した

（後嵯峨天皇）。

泰時は鶴岡八幡宮の御託宣だとして邦仁親王を選んだことを京に伝えるため、安達義景を使者として派遣。義景は途中で戻って来て、泰時に「もし順徳上皇の皇子がすでに皇位についていたら、いかがしましょうか」と尋ねた。すると、泰時は「なんら子細もない。その時は皇位からおろし奉れ」と答えたという。承久の変時、泰時が義時に尋ねた「義時の指示」とは対蹠《たいしょ》的返答である。まさに、朝廷と幕府の力関係が逆転した説話《エピソード》である。

泰時は思惑通り、後鳥羽上皇――順徳上皇の血統をこれにより完全に封じ込めた。以後、皇位継承の選定権は幕府へと移行した。

余談だが、現在の皇室の皇統を遡《さかのぼ》ると後鳥羽上皇――土御門上皇の血を引く。

その泰時もまた、六月に病に斃《たお》れる。享年六十。

これにより、還御の望みは潰《つい》えたと悟った院は、深く絶望し悲痛な日々を過ごされ「存《ぞん》命無益《めいむえき》」と、九月九日の重陽《ちょうよう》の節句（菊の節句ともいう）に御命を果たそうと決意し絶食したが叶わず、同年九月十二日、最後の行在所《あんざいしょ》、真野の堂所《どうどころ》で、御寵愛されていた「太郎《たろう》松《まつ》」という天高く伸びた赤松を仰ぎ見ながら、自ら額に焼石を当て御命を絶たれた。

真野の山々に院が愛した野菊咲き乱れる秋も深まる候であった。宝算四十六。

今春聴（東光）は謹著『順徳天皇』（昭和十八年刊行）の中で「既に御臨終を御覚悟召された院は、寧ろ敢て供御《くご》をしりぞけ給うたであろう」と述べている。

およそ一カ月後、都に飛脚が来て、民部卿 平 経高《たいらのつねたか》は院の崩御の知らせを受け取った。

哀慟の至り、喩《たとえ》を取る物なし、年来いやしくもして再勤を待ちつつ、今日この事を聞く、天を仰ぎ地に伏す。

と、経高は『平戸記《へいこき》』の中で嘆き、ご臨終の模様を次のようにいう。

存命太《はなは》だ無益の由叡慮ありと云々。焼石を焼き、偸《かりそめに》も、御蚊触《かぶれ》（腫物）の上に宛てしめ給う。人これを知らざるか。二ケ日此の如くの間小物増し、次第に御身体衰弱にならしめ給う。両左衛門康光・盛美御臨終已然《いぜん》に出家し、法衣を着して御前に祗候《しこう》し相互に高声に念仏を唱えしめ給い、眠るが如く御気絶ゆ

都に残された院の皇女で、仲恭天皇のひとつ上の姉君諦子《あきし》内親王（明義門院）も父君のあとを追うように翌年（一二四三）、崩御する。享年二十七。

その四年後の宝治《ほうじ》元年（一二四七）、東一条院（皇太后立子）が崩御。享年五十七。『平戸記』はさらに、「御遺言は、聞くも恐ろしいことである」という。

経高が日記に記すことができないほどの御遺言の内容は知る術もない。

院がよく訪れたという御陵の先の奥山。今となっては昼なお暗い老杉に囲まれた木立の

中に分け入ると、真夏でも水気をたっぷり含んだ青苔が地面を蓋《おお》い、心地よい冷気が全身を包み込む。さらに奥深く分け入ると、院崩御後に舟が石になったと伝わる「御舟石《おふねいし》」と呼ばれる巨石が忽然と姿を現す。叩くと木製の舟の音がするという。見れば見るほど、場《オーバーパーツ》にそぐわない物である。この異形《いぎょう》な巨石の傍らに佇み、耳を澄ますと院の魂の呻《うめ》きが、そばを流れる細流《せせらぎ》と野鳥の囀《さえず》りに紛《まぎ》れて幽《かす》かに木霊《こだま》する。

お舟石さやればつめたさ身につたふ
　都しのびし帝《みかど》のかなし
後藤(2)　咲

明治期の文豪のひとり、幸田露伴《こうだろはん》が来島している。明治二十五年（一八九二）八月一日、宿が雇ってくれた少年に案内されて真野御陵を参拝することにした。まず、恋が浦に行き歌碑を見て、真野宮を詣で、それから、真野御陵を参拝し、

地上にかしこまり、ぬかづきけるに、山寂々として人語絶え、蜩《ひぐらし》の声ばかり細く清げ

　に聞こえしも、ひとしほ静けさを増して、おろかしき身にもしみじみ悲しさをおぼ
　え、懐旧の涙に得堪《えた》へで咽《むせ》び入りぬ

と、感慨に浸った。さらに、先の「御舟石」まで行った。付近に「御馬石《おうまいし》」や「狆石《ちんいし》」といわれる石もある。ここから、真野新町に下り、阿仏房妙宣寺へ日野資朝の墓参をした。この日の夕方に両津夷《りようつえびす》で宿泊し、翌二日に佐渡を離れた。露伴は案内をしてくれた少年をモデルにした短編小説『佐渡ヶ島』を書いている。紀行文集『枕頭山水《ちんとうさんすい》』の中で佐渡の印象を、

　佐渡は概して、孤島の常とはいひながら風俗軽薄ならず。人に活気の乏しき代はり、
　狡猾のものほとんどなく、性質鈍なるわれらにはいと好もしく思はれて、われもし、
　いよいよ世をいとはば木曾路の中か、この島の中に潜み、のがれむと、知れぬ未来を
　測るほどなり

と、好感を持って記している。

院、終焉の地、堂所行在所は嘗《かつ》て国分寺末の真野山十二坊のひとつで真輪寺奥の院、阿弥陀堂があった所と伝わる。真輪寺は維新で廃寺となり、現在は順徳天皇を奉祀し、日野資朝、菅原道真を配祀する真野宮《まのぐう》となっている。現社殿は大正九年（一九二〇）、造営。昭和十七年（一九四二）、院崩御後七百年祭で現形とされ、青松映える森を背に品格を備え厳かに鎮座している。遺品の短刀、硯、扇子、釣花生《つりはないけ》を社宝として保管している。

御硯《みすずり》にまの山みどり深々と　　青野　季吉

かしこくも大みすずりに手をふれて
なみだの露にけがしつるかな　　久保[3]　猪之吉

こころなき旅人われも真野に来て

佐渡の帝の御硯に泣く

吉井[4]　勇

吉井勇は大正・昭和期に活躍した耽美《たんび》派の歌人、劇作家である。佐渡には大正六年（一九一七）、昭和八年（一九三三）、同三十五年（一九六〇）と三回来遊した。この歌の歌碑が真野宮後丘の真野公園内に建っている。

旧真野町出身の歌人、本郷雨村は、この歌碑への感慨を歌に託している。

行きずりの人も悲しと見て泣かむ
　石に刻める御硯の歌

本郷[5]　雨村

御硯の歌を刻める碑の文字の
露にし濡れて泣けるかに見ゆ
本郷　雨村

故山本修之助翁は、「現在、佐渡に建っている文学碑の中では、名碑のひとつであろう」と、自著『佐渡の百年』で記している。
他に吉井の歌集『旅塵《りょじん》』には〝御硯《みすずり》〟を詠んだ次の五首がある。

見て泣きぬかなしき御歌書きませる
御硯小さく石もあはれに
吉井　勇

おのづから御硯潤むことあらむ
帝を歎くかなしみのため

堪へだへし涙そそぎてうらみ歌
書きたまひけむ御硯かこれ

吉井　勇

いそのかみ古墨の香もしめやかに
この御硯の語らくは何

吉井　勇

日々の御料の寒さおもはれて
御扇に泣く御硯に泣く

吉井　勇

吉井　勇

社宝の中でも、御遺愛の御硯は歌聖でもあられた順徳院と最も因縁が深い。

佐渡両津梅津の真法院の境内に淡紅色の八重咲の「苔梅《こけうめ》」と呼ばれる梅の大木が在る。順徳院御手植えの梅と伝わる。大正七年（一九一八）四月十九日の羽黒大火によりこの梅の大半が類焼した。その後、焼け跡の根元から新芽が生じ育った。

その「苔梅」を詠んだ吉井勇の二首。

いたはしと帝を思はば焼枯れぬとも
　また咲けよ佐渡の梅の木
吉井　勇

御手植の梅の青苔いろ寒し
　遠き歎きにわれを居《を》らしむ
吉井　勇

他に真野宮で院を偲んで詠んだものとして、以下がある。

真野の宮みまへにおつる秋のはの
　桂のもみぢすでにいろこき
釈　迢空

御涙とどめましけむ御扇
　目にとめて見れば胸は咽ばゆ
柳原　白蓮(6)

大正三美人のひとりとされる歌人の柳原白蓮は、佐渡で非業の死を遂げた日野資朝卿の末裔《まつえい》で昭和二十九年（一九五四）七月に来島している。

そのかみのみおもひ晴れてみたらしの
　あたりも清き真野の神垣

高田[7]　相川

明治から大正期にかけて三井物産、大倉組の大商社と競い世界の市場に名声を博した高田商会の創業者、高田慎蔵は佐渡相川の地役人の家に生まれた。相川《そうせん》は慎蔵の雅号で、大正二年（一九一三）六月、祖先の墓参で帰島し真野宮を参拝した。『相川歌集』を出すほど和歌にも傾注していた。

玉垣の白きを拝す秋の暮

青木[8]　月斗

虹涼し御剣の鞘を払ふ時

巌谷　小波

個人的なことで恐縮だが、私と妻は三十三年前の皐月《さつき》日、新緑萌えるここ真野宮で神前式を挙げた。

ここで、院のご臨終を記した『平戸記』、平経高と院の同母弟、六条宮雅成《まさなり》親王について触れておきたい。

『平戸記』（『経高卿記』）は正二位民部卿平経高が和化漢文体で記した日記で、鎌倉前中期の朝儀や政局、朝廷の視点から見た幕府などを検証、研究するための貴重な史料とされる。

平経高は朝儀、公事に関して高い見識を有し、政務に練達した人物として知られ、順徳院の東宮時代から天皇時の二十年余にわたり側に仕えた。

六条宮雅成親王は順徳天皇の二歳下の弟君で母は兄君と同じ修明門院（重子）。幼少より兄君同様、聡明で歌人としても優れ新三十六歌仙にも名を連ねている。兄君順徳院への傾慕止まず、承久の変にも積極的に加担した。事変後、但馬に配流となるが、父君後鳥羽院の崩御後、赦免され都に戻り母、修明門院と一緒に暮らす。

経高は順徳天皇を心から敬し深く思慕しており、院崩御の知らせを最初に受けた時の日記の言葉は、

龍棲《りゅうせい》の昔より、鳳闕《ほうけつ》の時に至るまで、朝夕咫尺《しせき》し、旦暮忘れず、偏へに再覲《さいきん》を憑《たの》むの処、忽ち此の事を聞きて、心肝舂《うすづ》くが如し。悲しいかな。悲しいかな

(皇太子でおいでになった時から、御在位の間中、お側にずっとお仕えしており、お姿を今でも忘れることができない。ただひたすら、再びお姿を拝することを念願としていたのに、何という悲しいことだ)

というもので、院崩御による喪失感を兄君に似た弟君の六条宮と深く関わっていくことで埋めようとした姿勢が日記から見てとれる。そして、いずれ後嵯峨天皇にとって代わって六条宮に帝位についてほしいという気持ちを抱いていた。

寛元《かんげん》四年（一二四六）、修明門院の最大の支援者であった朝廷の実力者、九条道長が息子の将軍頼経と結んで、執権北条時頼とその後押しを受けた後嵯峨天皇を退けて六条宮を次期天皇に擁立しようとする風説が流布《るふ》される。「すわ、一大事」と、時頼はその動きに先んじ九条父子を失脚させるとともに、六条宮を再び但馬に配流する。幕府の支援を受けた後嵯峨上皇の院政が始まると経高は政界から排斥《はいせき》され、失意のうちに建長《けんちょう》二年（一二五〇）に官を退く。

後嵯峨天皇が即位してからの九条道家の権勢は急速に衰え、政争に疲弊すると晩年は憔《しょう》悴《すい》しきって、失意のうちに建長四年（一二五二）二月、旅立つ。享年六十。死因は病死とも、突然死とも、暗殺ともいわれるが定かではない。

その後、六条宮も但馬で病を患い建長七年（一二五五）二月、薨去《こうきょ》。享年五十六。さらに六月、経高も宮を追うように逝去した。享年七十五。

正嘉《しょうか》元年（一二五七）七月、土御門天皇の生母、承明門院在子《しょうめいもんいんざいし》、薨去。享年八十七。承明門院の後半生は不遇であったが、晩年には養育した孫の邦仁親王（後嵯峨天皇）の即位を目の当たりにすることができた。

文永《ぶんえい》元年（一二六四）八月、順徳天皇の生母、修明門院《しゅうめいもんいん》重子《じゅうし》、薨去。享年八十三。かつて、修明門院と後嵯峨天皇の間に緊張関係が続いた時期があった。それは、土御門天皇の子である後嵯峨天皇が即位すると、後鳥羽上皇の法要を国家の行事として執り行おうとしたため修明門院が異を唱えたことに因る。なぜなら、父祖の法要を主催するのは後継者の正統性を示すことであり、修明門院が育ててきた順徳天皇の御子たちの皇位継承が否定されることにつながるからである。様々な憂き目にあったが、公卿たちからも敬意を払われ、孫たちに囲まれた穏やかな晩年だったという。

（1）九条《くじょう》道家《みちいえ》　鎌倉初期の公卿。摂政・関白。従一位。准三宮。良経の長男。母は源頼朝の姪、一条能保の女《むすめ》。法名、行慧。別称、光明峯寺殿。四男頼経が幕府の四代将軍に迎えられ、長女竴子《そんし》が後堀河天皇の中宮となって、公武間に大きな勢力をもった。しかし晩年は幕府との関係が断たれて不遇となった。東福寺は道家の創立にかかる。日記に『玉蘂《ぎょくずい》』がある。

（2）後藤《ごとう》　咲《さき》　新潟県佐渡市出身の歌人。

（3）久保《くぼ》　猪之吉《いのきち》　明治から昭和期の歌人。福岡医科大学教授。医学博士。

（4）吉井《よしい》　勇《いさむ》　歌人・劇作家。東京都出身。早稲田大学中退。北原白秋らと『スバル』の編集に従事。耽美派の歌人として活躍したほか、戯曲・小説などにも筆を執った。著作に『酒ほがひ』『祇園歌集』『午後三時』など。

（5）本郷《ほんごう》　雨村《うそん》　新潟県佐渡旧真野町出身の歌人。

（6）柳原《やなぎわら》　白蓮《びゃくれん》　大正から昭和期の歌人。東京都出身。東洋英和女学校卒業。本名、宮崎燁子。柳原前光《さきみつ》の次女。実母は東京柳橋の芸者、良。佐佐木信綱に学ぶ。北小路資武と離婚後、九州の炭鉱王伊藤伝右衛門と再婚。「筑紫の女王」と呼ばれた。宮崎竜介と恋愛、大正十年（一九二一）家を去る。その間の四年『踏絵』を発表し、情熱的な作風が注目された。昭和十年（一九三五）から『ことたま』を主宰。戦後は平和運動にもかかわった。昭和四十二年（一九六七）二月二十二日死去。八十一歳。小説に『荊棘の実』がある。

（7）高田《たかだ》　相川《そうせん》　本名、慎蔵《しんぞう》。（経歴は六頁参照）

（8）青木《あおき》　月斗《げっと》　俳人。大阪府出身。本名、新護。別号、月兎・図書。正岡子規に学ぶ。大阪満月

会を興し、俳誌『車百合』を創刊、ホトトギス派俳人として大阪俳壇確立に貢献した。『同人』主宰。句集に『月斗翁句抄』、著書に『子規名句評釈』など。

都忘れ

「都忘れ《みやこわすれ》」という名の野菊がある。野春菊とも深山嫁菜《みやまよめな》とも呼ばれる。薄紫や桃、白色の可憐な花を咲かせるこの花は「堂所」が在る真野の山々に群生している。院はこの野辺に咲く花を見て心を慰め、都恋しさを忘れたという。花言葉は――しばしの慰め、別れ――。院は詠う。

いかにして契りおきけむ白菊を
都忘れと名づくるも憂し

花の名はこの御製に由《よ》る。

順徳院を慰めた野菊「都忘れ」

この花の白きをみれば都をも
　　世をも忘るとめでし君はも
　　　　　　　　　　会津　八一

都忘れ紫にほふ花かげに
　　恋ふる人さへ淡くなりつる
　　　　　　　　　　岩波(1)　香代子

後鳥羽院は白菊を好んだ。現在の皇室の十六弁の「菊の御紋」のデザインは後鳥羽院によるものとされる。

今、「堂所行在所跡《どうどころあんざいしょあと》」は真野宮から真野川に沿った隘路《あいろ》を四キロメートルほど分け入った、人里離れた山深い嵐気に抱かれた樹海に眠る。

そこに苔むした一基の石碑が無言のまま佇んでいる。碑には、大正三年（一九一四）三月建「順徳天皇行宮遺跡」と刻まれている。

今もなほふみわけかたきおく山に
住み給ひけん昔しのばゆ
大町　桂月

かり宮のあとをたづねて山深く
わけいる袖もぬるる今日かな
富小路[2]　敬直

おりふしに順徳院を思ふかな
その御最後の訴うるもの
青野　季吉

（1）岩波《いわなみ》　香代子《かよこ》　歌人。歌集に『都わすれ』『潮路』『冬の虹』などがある。

（2）富小路《とみのこうじ》　敬直《ひろなお》　幕末から明治期の公家・華族。天保十三年（一八四二）、五月十二日生まれ。文久元年（一八六一）、和宮の降嫁に従い江戸へ行く。公武合体を画策する者として尊攘派から弾劾され、同二年（一八六二）蟄居を命じられ落飾、さらに謹慎処分を受ける。のち、赦されて明治天皇の侍従を務めた。子爵。

真野の御陵《みささぎ》

仁治三年（一二四二）九月十三日、院の御遺言により、真野湾を見おろす丘陵の地で荼《だ》毘《び》に付され、御印に松と桜が植えられた。

院の辞世。

思いきや雲の上をば余所に見て
　真野の入り江に朽ち果てむとは

真野の深山に囲まれた「堂所」を下ったこの丘陵に院はたびたび足を運ばれた。院の慰めは今や、草木花樹と月光《つきかげ》、そして、この丘陵からの眺めである。ここからは、恋が浦を含め白砂青松がひろがる真野湾が一望できる。沈む夕陽は湾一面を彩《いろど》りあざやかに焦がす。

院は御覚悟の後、この丘陵に足を運ばれ海を眺められながら遠い都での想い出にふける。

幼い頃、外祖母平 教子《たいらののりこ》から養育された。教子の父は平清盛の弟、平教盛《のりもり》。この祖母から度々、「源平の戦」について話を聞かされた。なかでも、「壇ノ浦」で入水《じゅすい》した曾祖父平教盛、そして、伯父にあたる安徳《あんとく》天皇の話になると涙が止まらなかった。

二位殿《にいどの》はこの有様を御覧じて、日ごろ思《おぼ》し召《め》しまうけたる事なれば、鈍色《にびいろ》の二つ衣《ぎぬ》うちかづき、練袴《ねりばかま》のそば高く挟み、神璽《しんじ》を脇《わき》に挟み、宝剣を腰に差し主上を抱きたてまつつて、

「わが身は女なりとも、敵《かたき》の手にはかかるまじ。君の御供に参るなり。御心ざし思ひ参らせ給《たま》はむ人々は急ぎ続き給へ」とて、船端《ふなばた》へ歩み出でられけり。

主上《しゆじよう》今年は八歳にならせ給へども、御年のほどよりはるかにねびさせ給ひて、御かたちうつくしく辺りも照り輝くばかりなり。御髪黒うゆらゆらとして、御背中過ぎさせ給へり。

あきれたる御有様にて、「尼ぜ、我をばいづちへ具して行かむとするぞ」と仰せければ、いとけなき君に向かひ奉り、涙を抑へて申されけるは、

「君はいまだ知ろしめされさぶらはずや。先世《せんぜ》の十善戒行《じゆうぜんかいぎよう》の御力によつて、今万乗《ばんじよう》の主と生まれさせ給へども、悪縁《あくえん》にひかれて、御運すでにつきさせ給ひぬ。まづ東《ひんがし》に向かはせ給ひて、伊勢大神宮《いせだいじんぐう》に御暇《おいとま》申させ給ひ、その後西方浄土の来迎のあづからむと思し召し、西に向かはせ給ひて御念仏さぶらふべし。この国は粟散辺地《ぞくさんへんぢ》とて心憂き境《さかい》にてさぶらへば、極楽浄土とてめでたき所へ具し参らせさぶらふぞ」

と、泣く泣く申させ給ひけば、

山鳩色《やまばといろ》の御衣《ぎよい》に、びんづら結《ゆ》はせ給ひて、御涙におぼれ、小さくうつくしき御手をあはせ、まづ東を伏《ふ》し拝《おが》み、伊勢大神宮に御暇《いとま》申させ給ひ、その後西に向かはせ給ひて、御念仏ありしかば、二位殿やがていだきたてまつり、

「波の下にも都のさぶらふぞ」となぐさめたてまつつて、千尋《ちひろ》の底へぞ入り給ふ。

（二位殿〈平清盛の正室で安徳天皇の養祖母、二位尼《にいのあま》平《たいらの》時子《ときこ》〉はこの有様をご覧になって、日頃から心構えをなさっていた事なので、濃い灰色の二枚重ねの衣を頭にかぶり、練絹の袴のそばを高く挟んですそを上げ、神璽を脇に挟み、宝剣を腰に差し、安徳天皇を抱き申し上げて、

「わが身は女であっても、敵の手にはかからないつもりだ。天皇の御供をして参るのである。誠意をもって思い申し上げなさるような人々は、急いで〈私の後に〉お続きなさい」と言って、船端へ歩み出なさった。

安徳天皇は今年は八歳におなりになったけれども、ご年齢のわりにははるかに大人びていらっしゃって、ご容貌は端麗で、辺りも照り輝くほどである。御髪は黒くゆらゆらとして、御背中より下まで垂れ下がっていらっしゃる。

安徳天皇は、あっけにとられた御様子で、「おばば殿、われをどこへ連れて行こうとしているのじゃ」とおっしゃったので、

二位殿が幼い帝にお向かい申し上げて、涙を抑えて申し上げなさったことは、

「君はまだご存じではありませんか。前世での十善戒行のお力によって、天皇として

お生まれになりましたが、悪縁に引っぱられて、ご運はもはやお尽きになりました。まず東にお向きになって、伊勢大神宮へお別れを申し上げなさり、その後、西方浄土からのお迎えにあずかろうとお思いになり、西にお向きになって御念仏をお唱えなさいませ。この国は粟散辺地といって、つらい場所でございますので、極楽浄土という素晴らしい所へお連れ申し上げましょう」

と、泣く泣く申し上げなさったので、

山鳩色の御衣に、びんずらをお結いになって、お涙をたくさんお流しになり、小さくかわいらしい御手を合わせ、まず東を伏し拝み、伊勢大神宮にお別れを申し上げなさり、その後、西にお向きになって、御念仏をお唱えになったので、二位殿はそのままお抱き申し上げ、

「波の下にも都がございますよ」とお慰め申して、深い海の底へお入りになった）

（『平家物語』――先帝身投――より）

この哀しい場面は、幼い院の心奥に深く刻まれた。院が後に、反鎌倉あるいは反源氏の意識を強く持たれたのは、祖母の影響が大きく、この頃に承久の変へとつながる熾火《おきび》がす

でに院のこころに胚胎《はいたい》していたのかもしれない。

「順徳天皇御火葬塚」を「真野御陵《まのごりよう》」と島人《しまびと》は尊称し、老松に囲まれた深閑な杜に守られている。

東京大学安田講堂内の壁画を手掛けた洋画家の小杉放菴画伯が参拝後、この丘で詠んだ歌がある。

真野のうみ日の入る空をはるばるに
　みやこ悲しくながめたまひけむ
　　　　　　　　　　　小杉(1)　放菴

相馬御風の佐渡来島は大正十四年（一九二五）十月、『御風歌集』には佐渡の歌として四首掲載されているが、その中に真野湾を詠んだ秀逸な二首がある。

佐渡が島真野の入江は秋をふかみ
波の穂白く日に光りつつ
相馬　御風

佐渡が島真野の入江の岸に咲く
濱撫子《はまなでしこ》の色のさみしさ
相馬　御風

清くして慰みがたき入江をば
見て人も住む真野の新町
与謝野　晶子

江戸時代、御墓所跡と伝えられる地に「順徳院御廟所」を修築し、国分寺の末寺の真輪寺《しんりんじ》にこれを護持させせることにしたのは、佐渡奉行・曾根五郎兵衛吉正《そねごろうべえよしまさ》である。

延宝《えんぽう》六年（一六七八）九月十八日付で、国分寺の住職・賢教《けんきょう》と末寺真輪寺の賢照《けんしょう》との連名による請願書が佐渡奉行所に差し出された。

順徳院崩御後、真輪寺の境内に葬り奉り、陵を築き碑を建てて御法事を行ったと伝えられ、その旧跡も今に残るのであるが、百余年前から当地には地頭の間に兵乱が起り、寺領の地も御墓所の内さえも掠め取られるに到った。僅かに残る御廟所附近も民家と境を接し、農作業のために牛馬が入り込んで汚し、言語道断の勿体ない有様である。私共は不退転の決意で方三間の竹垣を結い、朝夕の清掃や御命日の勤行怠りなく行って来たが、公儀の御制禁がないため荒廃は進むばかりである。この事情を御理解の上、霊廟近隣の汚れを除き、天子の御威光が国家に輝いて諸人が尊敬の想いをなすように、お下知下されたくお願い申上げる。

曾根は江戸で佐渡奉行所の留守居役から廻送されて来たこの請願書を読み、任地佐渡の悲運の順徳天皇を追慕し、皇室崇敬の御廟修築事業は幕府の立場としては忌避していたが、自らの職を賭する覚悟を持って幕閣に上申し、その熱意が実り承認を得る。

翌七年（一六七九）四月、曾根奉行が佐渡に戻ると早速、工事が始まった。着工から僅か二カ月で工事は終了。曾根は、この修築で御陵用地となった田畑地を幕府より真輪寺に寄附することにし、勘定奉行三名、老中三名の承認を得て、九月十三日付で寄進状を渡した。御陵はこれ以後、真輪寺に護持されて明治に至る。

曾根奉行が請願書受領後、迅速に修復工事を進めた背景には儒学者・軍学者の山鹿素行《やまがそこう》と師弟の関係にあったことも起因していた。曾根は佐渡奉行在任中も江戸に在る間、素行をしばしば訪《たず》ねている。素行は自著『武家事紀《ぶけじき》』の中で、承久の変を公家政権が衰え、武家に移行した重大な節目として捉え、

この時より一向公家の成敗をやめて、天下の政務は云ふに及ばず、帝位の儀、公家の官禄ともに武家ロ入れし奉る。

と嘆いている。任地に順徳天皇の御遺跡を持つ曾根は、師の論説に強く感化されたにちがいない。

さらに、真輪寺は、供奉者のひとり、池蔵人清範《いけのくらんどきよのり》が天皇の御姿を刻んで国分寺に納めたと伝えられる御木像を代々護り伝えていた。明治元年（一八六八）、神仏分離が発令された。佐渡においてその推進に当たった越後府権判事、〝鬼参謀〟と称された奥平謙輔《おくだいらけんすけ》の指令により同年十二月、真輪寺においては、本堂を清め仮遷宮を行い、以後神道を以て奉祀することとして真野宮と改称し、住職は復飾して神官となった。

その後も経緯があった。

明治六年（一八七三）六月、歌人でもあり最後の佐渡奉行となった相川県参事・鈴木重嶺《しげね》は真輪寺伝来の御木像を清浄の地へお祀りしたいが、神霊を奉斎する神社が新営されるなら、御木像もお遷《うつ》し申し上げたいとの島民の心情を代弁する「順徳天皇御分霊御祀斎之儀付伺書」を神祇官教部長官宛に提出した。

島民は六百二十余年親しく御尊崇申上げた天皇を追慕申上げる余り、今願書も差し出しているが、これは御在島中の御恩徳によって州民の倫理も言語動作も次第に洗練されて来ているので、積年の御洪恩に報い奉るため、永代これまで通り御崇敬申上げたいという哀情からの願い出であり、至当のことと思われる。

この内容を明治天皇はたいへんお喜びになられ、御分霊として下賜された御劔《みつるぎ》を奉迎使が捧持し真野宮に勧請したという。

同年十月、太政大臣三条実美《さんじょうさねとみ》より「御神霊御還遷布告」が発せられ、後鳥羽天皇、土御門天皇、順徳天皇を摂津水無瀬宮《みなせぐう》（後鳥羽天皇の離宮跡に後鳥羽院の御影堂を建立、御神霊をお迎えし水無瀬宮の神号を奉じた）へ合祀せられることが告げられた。

明治七年（一八七四）五月十日、御在世の天皇そのままに奉迎式典が真野山行在所にて挙行された。奉迎使は式部権助兼大掌典・橋本実梁《はしもとさねやな》。橋本の日記は、式典および御木像御渡海の様子を伝えている。

（五月十日）此の日天候朗晴、土民拝観堵《かき》の如く、おのおの御輦《ごてぐるま》の後に従ひ、行在所門外に来集し、玉串或ひは銭貨を奉献し、拍手再拝みな涙を流し、相告げて曰く、今日より親しく順徳天皇を拝むことを得ずと。（五月十七日）御座船は白ちりめんに赤い菊のご紋を配した旗を船のへさきに立て、御霊のはいったみこしのそばには錦旗《きんき》（天皇旗）を立て、その周囲には紫ちりめんに白い菊のご紋を抜いた幕を張り、奉迎使以下が乗船していた。そして、これを小舟八艘で引いた。供奉の船には白ちりめんに〝御用〟の二字を書いた大旗をへさきに立て、小舟四艘で引いた。御座船が小木港の岸を離れると、船頭たちが静かに船歌を歌い、数千人もいた一般の人たちは手をうって拝礼して見送った。

橋本奉迎使は、――順徳天皇の御神霊の水無瀬宮にうつりかへらせ給ふを、国人らのかつほぎ奉り、かつをしみ侍る――様子を、

国人のしたひまつれるまごころを
　うれしとかへり見そなはすらむ
橋本　実梁[2]

と詠んだ。

昭和三十九年（一九六四）六月、昭和天皇・皇后両陛下は真野御陵を御参拝された。昭和天皇は御参拝の後、院の往時を偲ばれた。

ほととぎすゆふべききつつこの島に
いにしへおもへば胸せまりくる

昭和天皇

御参拝の前日、両陛下は〝八幡の里（ほととぎす啼かずの里）〟近傍の松林に囲まれた閑静な宿に御宿泊されていた。

当時、陵墓守長だった歌人で郷土史家の故山本修之助翁の謹吟。

玉砂利のかそけきひびき若葉風

山本　修之助

順徳天皇火葬塚と伝えられる真野御陵

参道のくっきり白し夏の露
山本　修之助

御拝礼の御ン時遠くかっこ鳴く
山本　修之助

昭和五十六年（一九八一）十月九日午後、明《あき》仁《ひと》皇太子・美智子《みちこ》皇太子妃両殿下（現上皇・上皇后陛下）は、時折強い雨が降るあいにくの天気であったが佐渡へ渡られ、同日夕刻、真野大《だい》膳《ぜん》神社で薪能を御台覧《ごたいらん》された。百八十年ほど前に建立されたという茅葺《かやぶ》き寄せ棟。松のほか「日月」が描かれた珍しい鏡板《かがみいた》を備えた舞台。高張り提灯《ちょうちん》が灯され、篝火《かがりび》は火の粉をはじき、薪の燃える匂いが漂う。森々たる杉の木立に囲まれた幽玄な雰囲気の中、世阿弥作と伝わる此の地ゆかりの謡曲『檀風《だんぷう》』が演ぜられた。『檀風』という曲名は、正中の変で佐渡に流された公卿日野資朝の和歌、

秋たけし檀《まゆみ》の梢吹く風に
　雑田《さわた》の里は紅葉しにけり
日野　資朝

に由来するという。

両殿下はその晩、真野湾を見下ろす高台のホテルに御宿泊され、翌十日、御陵を御参拝された。この時のことを修之助翁は次のように記している。

（前略）お迎えの私に対し「ここに、何年つとめていますか」とのお言葉をいただきました。私は、つつしんで「昭和二十七年から奉仕させていただいていましたが、四

十七年に定年退職となりました。その後は、非常勤として、今も奉仕させていただいています。今後も健康のゆるすかぎり、生涯奉仕させていただきたいと思っています」と申し上げた。殿下は「あ、そうですか」とおうなずきなされた。また妃殿下からも「おからだを大切に」とのお言葉をいただいた。（中略）なお、この奉答のなかで「殿下が昭和三十一年御参拝の節、私は御先導を申した者であります」と、申し上げようと思ったが、御下問以外のことを申し上げては礼を失すると思い遠慮申し上げたのであった。

余生なほ陵守として落葉掃く　　山本　修之助

日々落葉掃きて陵守老いゆくも　　山本　修之助

修之助翁はまた、これより二十五年前の昭和三十一年（一九五六）七月十九日、明仁皇太子（当時）の御参拝時を回想し、次のように記している。

（前略）殿下は、まだ御結婚前であった。私もまだ宮内庁に奉職してから四年たったばかりで、緊張したものであった。ことに、御先導という大役を、仰せつかったのであった。（中略）この時の逸話として、侍従から承ったところによると、殿下が陛下（昭和天皇）に佐渡の真野御陵を御参拝されることを申し上げると、陛下は、佐渡の人は御陵を大切にしているから、シルクハットの礼装で参拝されるようにとの、お言葉があった。そのため荷物も多くなるし、お供の人たちも礼服を着なければならないことになったと、いうのであった。（後略）

両殿下は、その後、佐渡金山跡と佐渡奉行所跡が在る相川を訪れ夕方、離島された。

踏み行きしあとなき雪の御陵道

山本　修之助

真野宮から御陵へ向かう坂道沿いの民家の庭先に、院御手植えと伝わる梅の古木があり、石を抱いているかのような姿形から「石抱きの梅」と呼ばれている。春になると薄紅色の花を咲かせる。

ふれまししみ袖の色香そのままに
　世ににぬ梅の花や咲くらむ

橋本　実梁

順徳天皇への献詠の中で最も古いものは、時宗遊行八世渡船上人（託海《たくかい》）が南北朝期の正平《しょうへい》十年（一三五五）三月に御墓所跡を訪れた時とされる。

朽ち果てぬその名はいまも苔の下
　君も昔をさぞなかなしむ

託海(3)

その他、真野御陵参拝後の順徳天皇を偲んだ詠歌が数多くある。

あなかしこかかる島にも棄てられ
　若き帝の歌ひたまひし
　　　　　　　　　　　　　　与謝野　寛

はしたなくなど思はれん承久の
　世は過ぎ去りてすでに久しと
　　　　　　　　　　　　　　与謝野　晶子

松風や御陵みちのうすじめり
　わが足音もさむきあさかな
　　　　　　　　　　　　　　吉井　勇

赤松の群立つ道にたたずみて
かなしみ深き山を仰げり

折口[4] 信夫

みささぎの苔のふかきにまのあたり
遠く旅来つるわれは触《さや》りぬ

斎藤 茂吉

大君のかかるゐびすに住みませし
みこころおもへば涙しこぼる

奥平[5] 謙輔

みささぎの御山の松を吹く風の
さびしき秋とまりにけるかも

相馬 御風

野菊咲くみささぎ道の松かげに
　たちどまりきく昼虫のこゑ

相馬　御風

ここにして心はきよくつつましし
　真野のみ山の松の下かげ

相馬　御風

拝むにもなお秋ふかし袖のつゆ
　ふるき御幸のあとをたづねて

小倉(6)　公連

いにしへのみあとをとへば真野山の
　松ばかりこそみどりなりけり

富小路　敬直

郭公《かっこう》のなく声やみてしづかなり
　苔の下道にぬかづきてあれば

下村　海南

くさかげの民の一人とまうで来て
　涙あわただし真野のみささぎ

吉植　庄亮(7)

松風のうつりはるけくなりにけり
　こころをもりてひさしくなりぬ

吉植　庄亮

真野山の松ふく風の音までも
　したひまつると聞《きこ》ゆなるかな
橋本　実梁

真野山の木にも草にも残るらむ
　やらむかたなき大みうらみは
千葉　胤明

俳句では、高浜虚子が昭和十三年（一九三八）五月に、

陵守に従ひ行けば夏の露
高浜　虚子(8)

山藤のかかりて悲し御陵道　　高浜　虚子

と、二句添えた。昭和二十五年（一九五〇）同月、再び御陵に詣で、

このたびは五月《さつき》晦《つごもり》参拝す　　高浜　虚子

と詠んでいる。

他にも、多くの文人墨客が十七文字に思いを込める。

山茶花《さざんか》や供御とのへし民あはれ　　河東(9)　碧梧桐

山茶花に真野山紅葉散りにけり

松風をいただく汗の額かな　河東　碧梧桐

烈として暑き入日を拝しけり　尾崎　紅葉

真清水やこの御前の夏寒く　巌谷　小波

ぬかづくや御陵の道のみのり稲　巌谷　小波

江見　水蔭

虫《むし》の音を御陵の昼に聴く悲し　　江見　水蔭

杉木立仰ぐに寒く夏風も　　小原　烏兎

鳴く蟬も腸《はらわた》有らば断えぬべし　　加藤　暁台

蟬しぐれ中に鳴きやむひとつかな　　(10)加藤　楸邨

みささぎの青葉に潮の遠音かな　　会津　八一

みささぎのしるしの松と葉桜と
中田 みづほ

草莽《そうぼう》の臣歔欷《しんきょき》して排す蟬時雨
笹川(11) 臨風

けふはどこへ順徳坊や青田道
松根 東洋城

ほととぎす臣某《しんぼう》も血の涙
安藤(12) 和風

金鳳花《きんぽうげ》御陵の前すぐ田なり
高野(13) 素十

蜩《ひぐらし》も御いたはしと泣くなめり
伊藤⒁　松宇

ひたすらに寒気立ちけり夏木立
角田⒂　竹冷

木下闇《こしたやみ》御なつかしさにまたかへる
大谷⒃　句佛

偲べとや夏をしばなく杜鵑《ほととぎす》
佐々⒄　醒雪

ぬかづきぬ折柄の野菊捧げつつ
雪中庵⒅　宇貫

蜩に何まどふべき物もなし
石[19]井　露月

汗ふいて襟かき合す松のかぜ
坪[20]谷　水哉

みささぎや秋風を呼ぶ松桜
小[21]野　蕪子

さくら散る玉体焼きし石に苔に
篠[22]田　悌二郎

昼ほととぎす松籟《しょうらい》も眠りつる
臼[23]田　亜浪

松かげや時雨流るる御陵道　前田普羅[24]

御茶毘のあとぬかづくに苔の花　松瀬青々

みささぎの道白々と夏静か　青野季吉

雉子《きじ》啼くや京に向かひて真野御陵　山本修巳[25]

佐渡・真野新町出身で日本勧業銀行、台湾製糖の社長等を歴任し、立憲政友会の代議士、農相を務めた山本悌二郎は参拝後、詩を残している。

真山　高く聳《そび》えて　柏森々《はくしんしん》
潤水《かんすい》　声無く　冷《れい》　襟《えり》に逼《せま》る
行客《こうかく》　誰に向ひてか　往時を尋ねん
古帝　陵畔《りょうはん》　白雲《はくうん》深し

山本　悌二郎(26)

日本民俗学の父、柳田国男の佐渡来島は大正九年（一九二〇）と昭和十一年（一九三六）の二回で、昭和十一年の来島時、真野御陵参拝の様子を故山本修之助翁は書き留めている。

（前略）柳田国男の二回目の来島は、昭和十一年七月八日から十日までの三日間であった。（中略）いつもの羽織袴の和服姿で、夫人同伴であった。（中略）真野御陵へも案内したが土下座で参拝されたのには驚いた。（後略）

作家の井上靖が修之助翁の案内で真野御陵を訪れ、その時の様子を昭和二十八年（一九五三）の『別冊文藝春秋』に掲載の紀行文『大佐渡小佐渡』の中で記している。

真野山稜は真野町から七、八町の山手にある。雪の御陵道を自動車は登って行く。御陵は順徳院火葬場と伝えられているところである。承久の変で敗れ、二十四歳で佐渡に流され、四十六歳で薨ずるまでのこの地に過された不幸な天子の遺跡である。順徳院がどこで過されたかは詳しくは判っていない。黒木の御所、八幡の御所と称されているところがあるという山本氏の話である。

順徳院の亡くなられた時の様子は一種の自殺に等しいと言われている。そうした史実の持つ暗さに拘らず、この山稜一帯の地は風光明媚である。御陵の丘陵から見た真野湾の眺望は美しい。左手に大佐渡の山々が長く尾を引いて、その先端は二見の岬となって、真野湾に落ち込んでいる。豪快な眺めである。

杉村楚人冠《すぎむらそじんかん》は本名、廣太郎《こうたろう》。明治・大正期のジャーナリスト、随筆家。朝日新聞社に入社し『アサヒグラフ』を創刊。大正十四年（一九二五）五月、朝日新聞の七回にわたる連

載紀行『佐渡記』の取材で同社営業部長、石井幸次郎ら四人で来島した。真野御陵では、

> 阿仏房で暮れかかった日は、真野の御陵で暮れた。月もない暗の坂道をひたもの登り行けば、間もなく木立物古りた御陵の前に着いた。どこかでフクロウがホウホウと鳴いている。かつてローマのコロシアムを月の真夜中に訪《と》うて、言い知れぬ感慨に不覚の涙を落したことがあるが、今この静かな、人気《ひとけ》のたえた夜陰の御陵の前にぬかづいて、遠くその昔を思い出すと泣くまいとすれど涙が出てくる。見れば、われより先に人があって、暗の中にすすり泣きをしている。たれかと思ったら、世界のたれよりも泣きそうでない石井であった。二人はただ無言のままで、暗の中で相対した。

と書いている。

幕末・明治期の儒学者で「佐渡の教育の父」といわれ、北一輝らに多大な影響を与えた円山溟北《まるやまめいほく》は真野御陵の前で、

経塚山から見下ろした真野湾（写真提供：jiro /PIXTA）

陵前放声哭者誰　草莽之臣円山葆

と慟哭《どうこく》した。葆《しげる》は円山溟北の名である。

御陵の東方に小佐渡山脈第二の高峯、経塚山《きょうつかさん》（六三六メートル）がある。別名、真野山とも呼ばれていたこの山は古来、山岳信仰の霊峰として崇められてきた。頂からは眼下に国中平野、真野湾、大佐渡の二見半島が望見でき、振り返れば、はるか越後の山々も見渡せる。この山の名は『佐渡志』の「（前略）そのかみ清範地を撰て、此山の頂に上皇の御宸翰《ごしんかん》又は御誦読《ごしょうどく》の御経等を焚《た》て埋め（後略）」から採られており、院が生前、読誦《どくしょう》していた御経や書き物類が後世に残って穢《けが》されないよう、近習《きんじゅう》に命じて山頂で焼いて灰を埋め塚を築いた、ということに由来している。麓《ふもと》はゆるやかな斜面に緑の牧草が生い茂り、初夏には牛が放され牧歌的な風景が広がる。

朝かぜに雲曼荼羅を描くとき
経塚山はありがたきかも
吉井　勇

幕末の勤王志士、吉田松陰(27)と宮部鼎蔵(28)が嘉永五年（一八五二）二月、揃って真野御陵を参拝している。当時、二十二歳の松陰と三十二歳の鼎蔵は参拝の後、熱き尊王への昂《たかぶ》りが躍る漢詩を賦した。今、その詩が参道脇の石碑に刻まれ、御陵に向かって粛然《しゆくぜん》と建っている。

詩碑は昭和三十一年（一九五六）五月、建立。題字には「凜烈萬古存」と刻まれている。「凜烈萬古存（凜烈《りんれつ》トシテ萬古《まんこ》ニ存《そん》ス）」は、中国南宋末期の軍人・政治家で忠臣の鑑《かがみ》として後世に称えられた文天祥《ぶんてんしよう》の『正気歌《せいきのうた》』から採られた一節で、幕末の志士らに愛謡された。難解な漢文であるが、それぞれ意訳を試みたい。

異端邪説誣斯民　非復洪水猛獣倫
苟非名教維持力　人心将滅義与仁
憶昔姦賊乗国均　至尊蒙塵幸海浜
六十六州悉豺虎　敵愾勤王無一人
六百年後壬子春　古陵来拝遠方臣
猶喜人心竟不滅　口碑於今伝事新

吉田松陰　撰

異端邪説《いたんじやせつ》斯《こ》の民《たみ》を誣《し》ふる、復洪水猛獣《またこうずいまうじゆう》の倫《たぐひ》に非《あら》ず。
苟《いやしく》も名教維持《めいけうゐぢ》の力《ちから》に非《あら》ずんば、人心《じんしん》まさに義《ぎ》と仁《じん》を滅《めつ》せんとす。
憶《おも》ふ昔姦賊国均《むかしかんぞくこつきん》を乗《の》り、至尊蒙塵《しそんもうぢん》して海浜《かいひん》に幸《かう》したまふ。
六十六州悉《ろくじふろくしうことごと》く豺虎《さいこ》、敵愾勤王《てきがいきんわう》一人《ひとり》も無《な》し。

六百年《ろくぴやくねん》後《ご》壬子《じんし》の春《はる》、古陵《こりよう》に来《きた》り拝《はい》す遠方《ゑんぱう》の臣《しん》。
猶《なほ》喜《よろこ》ぶ人心《じんしん》は竟《つひ》に滅《めつ》せず、口碑《こうひ》今《いま》に於《お》いて事《こと》を伝《つた》へて新《あら》たなり。

（意訳）誤った説で国民を欺《あざむ》くことは、危険な考えに他ならない。さらに、正しい教えを説き続けなければ、人の心はまさに仁義を失ってしまう。思えばかつて悪人（北条）が政権を乗っ取り、天子は島に配流された。当時は国中が悪人となり、天子に味方する者は一人もいなかった。六百年後の今春、遠方から臣下が御陵に来て参拝した。そして、天子を慕う人の心は今も変わっていないことを喜び、往時の事を新たに伝えていきたい。

陪臣執命奈無羞　天日喪光沈地陬
遺恨千年又何極　一刀不断賊人頭

宮部鼎蔵　撰

陪臣命《ばいしんめい》を執《と》り羞《は》づる無《な》きを奈《いかん》せん、天日光《てんにちひかり》を喪《うしな》ひ地陬《ちしゅ》に沈《しづ》めり。
遺恨千年又何《いこんせんねんまたなん》ぞ極《きわ》まらん、一刀《いっとう》をして賊人《ぞくびと》の頭《あたま》を断《た》たず。

（意訳）陪臣の分際である北条が上皇配流を命ずるとは恥知らずにもほどがある。
太陽が光を失い、北の果てに沈んで暗黒の世になってしまったようだ。
大義に反する大罪は何年経とうが消え去るものではない。
国賊の首を斬っても斬っても足りるものではない。

参拝後、御陵を下った松陰と鼎蔵は佐渡奉行所の在る相川の地へ足を速めた。

吉田松陰は「安政《あんせい》の大獄《たいごく》」で安政六年（一八五九）十月二十七日、江戸の伝馬町牢屋敷で刑死。享年三十。松陰は次の三つの辞世を遺している。

ひとつは「永訣の書」と呼ばれる両親に宛てた手紙の中に書かれた、

親を思ふ心にまさる親心
　今日のおとづれ何と聞くらん
　　　　　　　　　吉田　松陰

であり、両親の心情を深く想う姿に胸を打たれる。
二つ目は「留魂録」と呼ばれる遺書とも言える書の巻頭句として出てくる、

身はたとえ武蔵の野辺に朽ちぬとも
　留めおかまし大和魂
　　　　　　　　　吉田　松陰

というもので、辞世の句として広く知られている。

最後に、幕府の評定所で死罪の決定が下された時の五言絶句である。

吾今爲國死　　吾今国の為に死す
死不背君親　　死して君親に背かず
悠悠天地事　　悠々たり天地の事
鑑照在明神　　鑑照明神に在り

漢字二十文字に、我よりも国を想うことを第一に生きた松蔭の志が凝縮されている。

宮部鼎蔵は元治《げんじ》元年（一八六四）六月五日、京都三条橋西の池田屋で新撰組に襲撃され自刃。享年四十五。

みささぎの木立ゆゆしき赤松の
あかき心の詩をよみにけり
香取(29)　秀真

（1）小杉《こすぎ》　放菴《ほうあん》　洋画家。栃木県出身。本名、国太郎。初号、未醒。再興日本美術院の洋画部を主宰、のち春陽会設立に参画。昭和に入って放菴と改号、気品のある水墨画を多く描いた。和歌・随筆でも活躍。

（2）橋本《はしもと》　実梁《さねやな》　伯爵。元老院議官。小倉輔季の男《むすこ》、中納言実麗の養子となる。明治維新の日、柳原侍従とともに先鋒総監となり東下する。平定後、諸官を歴任し式部権助兼大掌典となり、神祇官再起建白書を差し出した。

（3）託海《たくかい》　時宗《じしゅう》八世《はっせい》渡船《とせん》上人《しょうにん》。文和《ぶんな》元年（一三五二）に来島。宿根木にある霊場とされている岩谷山は、渡船上人が聖観音菩薩を本尊として安置したことに始まるとされる。宿根木にある称光寺は、渡船上人が開いた時宗の道場である三崎道場がその前身であった。真野・四日町にある大願寺は、上人が三崎から橋本へ移転し布教。弟子僧の書いたものに、「大願寺は府中橋本の道場」とある。国府川の橋の近くにある道場の意味から、念仏道場を橋本道場と称するようになった。

（4）折口《おりくち》　信夫《しのぶ》　（経歴は一一七頁参照）

(5) 奥平《おくだいら》　謙輔《けんすけ》　幕末から明治時代の武士・士族。萩の乱の指導者。名は居正。号は弘毅斎。長州(萩)藩八組士奥平清兵衛の子として土原(萩市)に生まれる。禄高百一石。藩校明倫館に学ぶ。才気あり、大志を抱き、学を好み、また詩賦に長じていた。文久三年(一八六三)、先鋒隊士として下関で対外国船砲撃に参加。慶応二年(一八六六)干城隊に入り、明治元年(一八六八)の戊辰戦争では越後、会津に転戦した。同二年(一八六九)四月、越後府権判事として佐渡に赴任するが、八月には辞職して帰郷。同九年(一八七六)攘夷論を説き、帯刀を勧めて脱刀脱袴を禁ずる動きを示し、十月、前原一誠とともに萩の乱を起こした。敗れて萩で斬首された。享年三十六。

(6) 小倉《おぐら》　公連《きみつら》　公卿。実起《さねおき》の男《むすこ》。初名、公代。藤原姓。参議右中将従三位。父とともに佐渡に配流される。和歌を能くする。

(7) 吉植《よしうえ》　庄亮《しょうりょう》　東京帝国大学経済科卒業。父・庄一郎経営の中央新聞に勤務し、大正十年(一九二一)、文芸部長になり、のち政治部に移る。同十三年(一九二四)帰郷し、印旛沼周辺の開墾事業に着手。昭和十一年(一九三六)衆院議員となり百姓代議士として活躍、三選したが戦後公職追放となった。歌は明治三十三年(一九〇〇)頃から『新声』などに投稿し、金子薫園に師事。大正十年(一九二一)『寂光』を刊行し、同十一年(一九二二)『橄欖《かんらん》』を創刊。同十三年(一九二四)『日光』同人となり、昭和三年(一九二八)『くさはら』を刊行。歌集に『大陸巡遊吟』『開墾』『風景』『霜ぶすま』など、随筆集に『馬の散歩』『百姓記』などがある。

(8) 高浜《たかはま》 虚子《きょし》 俳人・小説家。本名、清。愛媛県松山市出身。第二高等学校中退。正岡子規に師事。子規派の俳句雑誌『ホトトギス』を継承して主宰。「客観写生」を唱えて俳句を花鳥諷詠の詩と主張し、大正・昭和期の俳壇に君臨。写生文小説も書き評価された。文化勲章受章。著書に『鶏頭』『俳諧師』『風流懺法』『柿二つ』『五百句』など。

(9) 河東《かわひがし》 碧梧桐《へきごとう》 俳人。愛媛県松山市出身。本名、秉五郎《へい》。正岡子規に師事。子規の俳句革新運動を助け、子規没後は「日本」「日本及び日本人」の俳壇担当。新傾向俳句運動の中心となり、荻原井泉水らと『層雲』を創刊。著書に『碧梧桐句集』『三千里』がある。

(10) 加藤《かとう》 楸邨《しゅうそん》 俳人。東京都出身。本名、健雄。東京文理科大学(現・筑波大学)卒業。水原秋桜子に師事し、『馬酔木』に入る。昭和十五年(一九四〇)、俳誌『寒雷』を創刊・主宰し、『馬酔木』を離れる。高校教諭を務めながら句作。句集に『寒雷』『颱風眼』『穂高』『雪後の天』『野哭』などがある。人間探究派の俳人といわれる。昭和六十年(一九八五)、芸術院会員。『加藤楸邨句集』『加藤楸邨全集』の著書がある。

(11) 笹川《ささがわ》 臨風《りんぷう》 評論家・俳人。東京都出身。本名、種郎《たねお》。俳句結社「筑波会」を興して句作。のち『帝国文学』の編集に従事。著書に『日本絵画史』『東山時代の美術』など。

（12）安藤《あんどう》 和風《はるかぜ》 明治・大正・昭和期の新聞記者・経営者。秋田藩士安藤和市、イクの長男。幼名、国之助。明治十七年（一八八四）、和風と改名。「わふう」という読みは通称。楢山学校、県立秋田太平学校中学師範予備科、講習学舎に学ぶ。『秋田日日新聞』『秋田日報』の記者を経て秋田新報社へ入社。翌年には秋田市会議員に補欠当選する。『秋田魁新報』記者となり、昭和三年（一九二八）に社長となった。俳諧の研究書や句集を多く著し、郷土史研究にも情熱を傾けた。著書に『俳諧研究』、句集に『旅一筋』『秋田の土と人』などがある。

（13）高野《たかの》 素十《すじゅう》 俳人・医学博士。茨城県出身。東京帝国大学医学部卒業。高浜虚子に師事する。『ホトトギス』同人。水原秋桜子・阿波野青畝・山口誓子とともにホトトギスの4Sと称せられる。

（14）伊藤《いとう》 松宇《しょうう》 俳人・俳諧研究家。信濃国小県郡（現・長野県上田市）出身。本名、半次郎。号は雪操居。俳諧「椎の友社」を結成し、初めて句会に互選方式を導入する。のちには俳諧・俳史の研究、古俳書の復刻と紹介、連句の再認識などに功績を残す。特に、収集された古俳書は小石川芭蕉庵に保管され、松宇文庫として有名。編著に『俳書集覧』『蕉影余韻』などがある。

（15）角田《つのだ》 竹冷《ちくれい》 俳人・政治家。明治五年（一八七二）上京し、沼間守一の門に入り、のち代言人となる。立憲改進党に入り、東京府会副議長、神田区会議長、東京市議を経て、同二十四年（一八九一）衆院議員に当選。通算七選。秀英社、中央窯業各取締役、跡見女学校理事を務めた。一方、俳人としても知られ、同二十八年（一八九五）秋声会を興し、同二十九年（一八九六）『秋の声』を、同三十六年（一九〇三）『卯』（同四十二年〈一九〇九〉『木太刀』と改題）を創刊。編著書に『俳諧木太刀』『聴雨窓俳話』『俳書解題』『点滴』（英訳句集）などがあり、没後『竹冷句鈔』が刊行された。

(16) 大谷《おおたに》句佛《くぶつ》　浄土真宗の僧・俳人。東本願寺二十三世。京都府出身。二十二世光瑩《こうえい》（現如上人）の次男。本名、光演。法名は釈彰如、句仏は俳号。幼年から諸流の書道を学び、杉山三郊に師事する。絵画は幸野楳嶺・竹内栖鳳について一家を成し、俳句は河東碧梧桐につく。著書も多い。

(17) 佐々《さっさ》醒雪《せいせつ》　明治から大正時代の国文学者・俳人。東京高等師範学校教授。

(18) 雪中庵《せっちゅうあん》　宇貫《うかん》　本名、杉浦宇貫。俳人。東京都出身。通称は友蔵。別号に真外・雪蓑人等。八世雪中庵梅年に入門、明治四十一年（一九〇八）、十世を継ぐ。

(19) 石井《いしい》露月《ろげつ》　明治から昭和時代の医師・俳人。

(20) 坪谷《つぼや》水哉《すいさい》　編集者。新潟県出身。本名、善四郎。博文館編集主幹、のち取締役。『太陽』創刊の編集に従事し、また東京市会議員として都市行政に活躍した。俳句を能くし、句集『俳春秋』の他多くの著書がある。

（21）小野《おの》　蕪子《ぶし》　俳人。福岡県出身。本名、賢一郎。号は蓼山荘主人・麦中人。小学校教師に次いで大阪毎日新聞社、東京日々新聞社に勤務。のち東京放送局に入り文芸部長・企画部長・業務局次長などを歴任。俳句は教師時代に子規の句に関心をもち高浜虚子・村上鬼城・原石鼎の選評を受けたこともあった。『虎杖』の撰者。『鶏頭陣』を創刊主宰。著書に『雲煙供養』『朝鮮満州支那のぞ記』『陶器辞典』などがある。

（22）篠田《しのだ》　悌二郎《ていじろう》　俳人。旧号、春蟬。明治三十二年（一八九九）、東京都小石川出身。三越に勤務、昭和十九年（一九四四）退職。水原秋桜子門人。『馬酔木』独立後、第一回の馬酔木賞を受賞し同人となる。『初鴨』『野火』を創刊主宰。句風は甘美流麗、繊細、抒情的。句集に『四季薔薇』『青霧』などがある。

（23）臼田《うすだ》　亜浪《あろう》　俳人。長野県出身。本名、卯一郎。法政大学卒業。初め新聞界に入るが、俳誌『石楠』を創刊主宰し、俳句に専念した。高浜虚子・大須賀乙字の影響を受けながら、独自の俳論を展開した。

（24）前田《まえだ》　普羅《ふら》　俳人。本名、忠吉。東京都出身。早稲田大学英文科中退。高浜虚子に師事し『ホトトギス』で活躍。俳誌『辛夷』主宰。句風は雄勁、すぐれた山岳詠で知られている。『普羅句集』『春寒浅間山』『能登着し』などの句集がある。

（25）山本《やまもと》修巳《よしみ》　歌人・郷土史家。昭和十三年（一九三八）、新潟県佐渡真野新町出身。佐渡高校、国学院大学卒業。佐渡高校国語教師を退職後、佐渡市文化財保護審議会会長、新潟県文化財保護連盟理事、佐渡俳句会会長、佐渡良寛会会長等を歴任。季刊誌『佐渡郷土文化』主宰。著書に『かくれた佐渡の史跡』『佐渡のうた』『来島の文化人』などがある。新潟日報文化賞など多数受賞。

（26）山本《やまもと》悌二郎《ていじろう》　実業家・政治家。新潟県佐渡真野新町出身。号は二峰。外交官有田八郎の兄。二松学舎、獨逸学協会学校で学ぶ。渡独後、日本勧業銀行・台湾製糖社長・糖業連合会会長等を歴任。衆議院議員連続当選。立憲政友会に所属し、田中義一・犬養毅内閣の農相を務めた。国体明徴運動を推進。

（27）吉田《よしだ》松陰《しょういん》　幕末の思想家・尊王論者。長州藩士。名は矩方《のりかた》。通称、寅次郎。欧米遊学を志し、ペリーの船で密航を企てたが失敗して入獄。出獄後、萩に松下村塾を開き、高杉晋作・伊藤博文ら多くの維新功績者を育成。安政の大獄で刑死。

（28）宮部《みやべ》鼎蔵《ていぞう》　幕末の尊攘派志士。肥後藩士。吉田松陰の東北遊行に同行。京都にて討幕運動に活躍するが、池田屋で新撰組に襲われて自刃。

(29) 香取《かとり》 秀真《ほつま》　鋳金家・歌人・俳人。千葉県出身。初め鋳金家・大島如雲に、東京美術学校（現・東京芸術大学）では岡崎雪声に学ぶ。金工史家としても優れる。また正岡子規の根岸短歌会に参加し、アララギ派の歌人として『秀真歌集』などの歌集を残した。帝国美術院会員・帝室技芸員・芸術院会員。文化勲章受章。

逢坂関

寛元《かんげん》元年（一二四三）四月二十八日、院の御遺骨は、順徳天皇在任中から蔵人《くらんど》として仕え、さらに御遷幸から御臨終まで二十二年間奉仕してきた近習、藤原康光の胸に抱かれ、佐渡を離れ京に上っていた。

康光は、近江（滋賀県）と山城（京都府）の国境《くにざかい》の関所、「逢坂《あふさか》の関《せき》」に来ると院との思い出が去来し、御遺骨を抱いたまましばらくその場に立ち竦んだ。

建保三年（一二一五）十月、順徳天皇は在任中御年齢十七の時、『内裏名所百首』という歌会を催され、定家も含め十二名が参加した。「名所」とは「歌枕」ともいい、百首は春、夏、秋、冬、恋、雑《ぞう》の六部に分けられ各地の名所百ヵ所がそれぞれ歌題として割り振られていて「逢坂の関」は「雑」の部に分類されていた。

知る知らず行くも帰るも逢坂の
関の清水に影は見ゆらし

（知る人も知らぬ人も、行く人も帰る人も、ここで逢うという逢坂の関の清水には、その姿が映っていることだろう）

と、情感豊かに順徳天皇は詠う。

末席に北面の警護の武士が召されていた。順徳天皇がその歌才を見込んでいた蔵人藤原康光である。康光も「逢坂の関」を詠った。

春の色に梢のそらはかはれども
なほ山さむしあふさかのせき

藤原[1]　康光

（木々の梢の辺りは春の色に変わったけれど、まだ山は寒いのだよ、逢坂の関も）

順徳天皇と康光は、その後、主従関係以上の運命の絆で結ばれていくこととなり、悲しい別離の行旅を共にする。

承久三年（一二二一）七月二十日、承久の変に敗れた順徳上皇は御母修明門院の御所岡《おか》前《ざき》殿に渡御し、翌二十一日、御出立された。立子妃（のち東一条院）、幼い御子たちはじめ近親の方々とのお別れは悲涙に咽《むせ》ぶ。都から最初の関である「逢坂の関」に来ると、供奉のひとり、花山院少将一条能氏は病気だといって京に戻ってしまう。この時、院は心細い思いをされ、

逢坂と聞くもうらめしなかなかに
　道しらすとてかへりきねこん

と御詠みになり、御製を能氏に託して仲恭天皇に奏上せられた。

院の御遷幸後、東一条院は悲歎のあまり山里へ引き籠《こも》り、花鳥風月を愛で、和歌を詠み、箏《こと》を奏じる凄然な日々を過ごしていた。ある日、久しく仕えていた女官から手紙とともに、ありし日の院の御衣《おんぞ》が届けられ、その返事に、

思い出《いづ》る衣はかなし我が人も
見しにはあらずたどらるる世に
東一条院

と詠んだという記事が『増鏡』に出ているが、院と東一条院との間で、どのようなやりとりがあったかの記録はない。しかし、この記事だけでも悲愴感は拭《ぬぐ》えない。

御一行は近江（滋賀県）から越前（福井県）、加賀（石川県）、越中（富山県）へ北陸道を経て越後（新潟県）に入った。旧暦八月十五日夜、上越の名立《なだち》茶屋ケ原の岬に院は立った。

夜空は一片の雲もなく透くような明月が浮かび、皓々《こうこう》と照る仲秋の月華は海原を哀しく濡らしている。幼い頃、乳母が添い寝をしながら話してくれた『たけとり』物語、かぐや姫は今宵のような名月に帰っていったのだろう。この波の彼方にある佐渡の島は月のような処なのだろうか。

都をばさすらい出でて今宵しも
　うきに名立の月をみるかな

翌日、国府津《こうづ》である寺泊に御到着された。

佐渡への御座船《ござぶね》の用意ができるまで北越地方の豪族、五十嵐武兵衛の邸宅「菊屋《きくや》」の庭に行在所を造営されたと伝えられている。武兵衛は逆境に陥られた院をお慰めしようと献身的に奉仕したという。『菊屋文書』は記す。

順徳院様佐渡御遷幸の節、五十嵐武兵衛先祖知行所たるに付、屋敷のうち上壇の平ら

かなる所に行宮をしつらえ、しばらくそこに遊ばされ候由、御伴の衆中、ご病人数多これあり、数月ご逗留の間、

たのめすはつらきならひと思はまし
　なかなかなりや松に吹く風
露も袖にいたくなぬれそ秋の夜の
　ながき思ひは月に見るとも
月見ても秋のあはれはあるものを
　しづ心なくうつころもかな

の御製、宸筆にて下しおかれ候（後略）

院の滞留期間は定かではないが、今も「王潤《おうま》」の名が残る浦から佐渡へ渡御された。

院崩御後、五十嵐家は深くこれを悼み、佐渡の御陵に向けて祀殿《しでん》を建て、帝の御神霊を奉祀した。明治期、有志の尽力で院を祀る「越之浦《こしのうら》神社」が創建された。

菊屋は、順徳上皇はじめ源義経・弁慶主従、京極為兼、江戸期の書家・儒学者亀田鵬斎《かめだほうさい》などが滞留した。

京極為兼は一ヵ月余り滞在後、佐渡に渡る際に愛妾で才色兼備の名妓、初君への惜別の歌を詠む。

逢ふことをまたいつかはと木綿《ゆふ》たすき
かけしちかひを神にまかせて
京極　為兼

初君は、即座に筆をとり、水茎《みずくさ》の跡も美しく返歌をしたため卿の姿を追う。

ものおもひ越路の浦のしら浪も
たちかへるならひありとこそ聞け
初君(2)

別れに臨み、卿を慕う一途な愛を波に託し、今一度の夢を期待し、無事の帰還を祈る悲しい女心を吐露する。

菊屋は今、「聚感園《しゅうかんえん》」と呼ばれる庭園となっている。庭園の名称は、「往時を偲び感慨を聚《あつ》める庭園」という意で中院通知卿が命名した。(3)

院はまた、国家安泰と皇室安寧を祈願すべく、ここ寺泊から甲州の御岳金峰山に奉幣《ほうへい》を、都から寺泊まで御使用された白木《しらき》の輿《こし》(白輿《しらこし》)に乗せて遣わした。勅使は昇仙峡《しょうせんきょう》渓谷沿いの圓乗寺《えじょうじ》萩堂《はぎどう》に輿を留め、半月余り天下泰平を祈願した。圓乗寺は、その法施として順徳院号を降ろされ順徳院山圓乗寺と寺号を改めた。この半世紀後の文永《ぶんえい》七年(一二七〇）、日蓮聖人が甲州巡錫《じゅんしゃく》の折、御岳金櫻《かなざくら》神社へ参拝された。その途次、表参道にあたる金峰山へ逗留し、当山が順徳上皇に由緒ありと聞くと、承久当時の昔を偲び法華経の説法をされた。時の住僧乗蓮《じょうれん》僧都は聖人の弟子となり安楽院日乗《にちじょう》と改称し、寺号も順徳院山常設寺と改めた。聖人はこの年の翌年十月、佐渡へ配流となった。

白輿は日本最古唯一の配流の輿である。現在は、常設寺《じょうせつじ》（山梨県甲斐市）に寺宝・国指定重要文化財として保存されている。

康光は幾何《いくばく》かの時間《とき》を此の場に佇んでいただろうか、佐渡へ渡ってからの在島二十二年間、院と過ごした歳月の中での出来事がつぎつぎと思い起こされ身体中を駆け巡っていた。そして、院の御最期をお送りしたことは、いっそう狂おしいほど胸を締め付けた……。

辺りは黄昏《たそがれ》がせまっていた。

……山鳥の群れが飛び立つ音で我に返ると、滂沱《ぼうだ》の涙を流している自分に気づくが、その涙を拭うこともせずに、再び京への歩みを粛々と進めた。

院の御霊とともに長い旅路を終え、ようやく大原に着いた。御遺骨を名残惜しむようにゆっくりと胸からおろすと法華堂の傍らにそっと納めた。康光の泪《なみだ》は嗚咽となって御堂を震わせた。

大原の法華堂は後鳥羽院崩御の翌年の仁治元年（一二四〇）、修明門院と順徳院の同母末弟、尊快入道親王（寛成、天台座主、梨本宮座主）によって建てられた。大原は京から鬼門の方角、また天地声明の地でもある。部材も後鳥羽院ゆかりの水無瀬離宮（現・水無瀬神宮）にあった部材を使用したと伝わる。

今、後鳥羽天皇と順徳天皇はともに大原の陵《みささぎ》に眠っている。

（1）藤原《ふじわらの》康光《やすみつ》　上北面左衛門大夫。承久の変後、順徳上皇に随《したが》って佐渡に渡った。忠勤怠りなく、御悩みの折は、御看護をもし、御臨終の前に出家し祗候した。御火葬後、御遺骨を首にかけ京に帰り、大原の法華堂の傍らに納めた。

（2）初君《はつきみ》　鎌倉時代の越後寺泊の遊女。永仁六年（一二九八）佐渡に流される京極為兼が越後寺泊に立ち寄った時、歌をつくって慰めたという。のち、『玉葉和歌集』の撰者となった為兼は初君の歌「ものおもひ越路の浦のしら浪もたちかへるならひありとこそ聞け」を採録した。

（3）中院《なかのいん》通知《みちとも》　江戸時代の公卿。中院通古の子。安永三年（一七七四）従五位下、同八年（一七七九）侍従。文化十二年（一八一五）参議。文政四年（一八二一）正二位に進み、同七年（一八二四）権大納言。

今宮

鶴岡八幡宮末社、今宮《いまみや》（新宮《しんぐう》）神社は鎌倉雪ノ下に鎮座する。宝治元年（一二四七）、執権北条泰時により創建。祭神は、後鳥羽上皇、土御門上皇、順徳上皇。承久の変で配流された三上皇の御神霊を慰めるために祀られた。「今宮」の名称は新しい宮という意味があることから「新宮」とも称される。

延応元年（一二三九）二月、後鳥羽上皇が配流先の隠岐で崩御すると、天候不順や飢饉が起こり、鎌倉の市中は荒れて、方々で喧嘩や争いごとが絶えず、五月には大騒動が起きた。これらは、後鳥羽上皇の祟《たた》りが原因だろうと宮廷も幕府も恐れた。そこで、執権泰時が後鳥羽上皇と順徳上皇の怨霊を鎮めるために今宮を建てたといわれる。

宮は当初、後鳥羽上皇、順徳上皇そして、順徳上皇の護持僧長賢《ちようけん》が祀られていたが、明治になって土御門上皇が合祀された。今宮の境内にある碑文は伝える。

其院（後鳥羽院）の尊霊を勧請し奉り順徳院及び護持僧を合祀せらる。長賢は承久の変（役）、朝廷方に属し奮戦。変後、捕われ陸奥に配流。

例祭は毎年、六月七日に執り行われる。

師友

百敷《ももし》きや古き軒端《のきば》のしのぶにも
なほ余りある昔なりけり

院の歌才を見出した唯美主義の歌聖、藤原定家は幕府への配慮から『新勅撰和歌集』には御製を採らなかったが、院が二十歳の頃に詠まれたこの御製で『小倉百人一首』の掉尾《ちようび》を飾った。

歌意は、

〈宮中の古びた建物の屋根の端から下がっている忍ぶ草〈ノキシノブ〉を見ると、皇室

や貴族が栄えていた延喜、天暦の昔の時代を懐かしく偲ばれるよ）

というもので、朝廷の復権を目指した承久の変に繋がる萌芽がこの御製にも感じ取れる。

直前の九十九番目には後鳥羽院の次の御製が置かれている。

人も惜し人も恨めしあぢきなく
世を思ふゆゑに物思ふ身は

後鳥羽院

そして、九十七番目に自身の歌を置いた。

来ぬ人をまつほの浦の夕凪《ゆふなぎ》に
やくや藻塩《もしほ》の身もこがれつつ

藤原[1]　定家

数多《あまた》ある恋歌の中でも白眉《はくび》とされるこの歌は定家にとって院との特別の思い出の歌でもある。

かつて、毎月あるいは月に二回も歌合があった。なかでも建保四年（一二一六）の『百番歌合』は、順徳天皇側と定家側、双方十名ずつで春・夏・秋・冬そして恋をそれぞれの題にして歌を作り優劣を競った。その時の「恋」の歌に定家が詠んだのがこの歌であった。この時の衆議では御製が勝ちとされたが、天皇が定家の歌を勝ちとされたので、定家の勝ちとなった。この時の順徳天皇の御製は、

よる浪もおよばぬ浦の玉松の
ねにあらはれぬ色ぞつれなき

であり、定家は順徳天皇が自分に花を持たせてくれたこの時の思い出の歌をどうしても入れたかったのである。この歌は元は〝恋〟の歌であるが、ここでは〝来ぬ人〟とは、恋

人ではなく順徳上皇を意味する。〝身もこがれつつ〟佐渡の順徳院をお待ちしています、と。

また、承久二年（一二二〇）二月十三日、順徳天皇が内裏で歌会を開催した。その時、定家の歌が後鳥羽院の勅勘《ちょっかん》を蒙《こうむ》ったが、順徳天皇は定家に同情をお示しなされ、その優しさに感じ入ったこともあった。

嘉禎《かてい》三年（一二三七）、『順徳院御百首』に批点判詞を加えて佐渡へ返送し、翌年には歌学書『僻案抄《へきあんしょう》』を佐渡へ送っていて、順徳院とは心が通っていたことがわかる。

『小倉百人一首』は〝王朝秀歌撰〟とでもいうべき晩年の定家の〝美学〟の集大成であるとともに貴族文化への尽きぬ憧憬《しょうけい》の象徴でもある。

——なぜ、定家は最後に順徳天皇の歌を置いたのか——。ずっと考えてきた。

後鳥羽院でもなく、まして定家自身でもない。定家は、歌集を編む前から最初と最後は決めていたのではないか、というのは一番目の[2]天智天皇、二番目の[3]持統天皇と九十九番目の後鳥羽院、百番目の順徳院、さらに三番目の[4]柿本人麻呂、四番目の[5]山部赤人と九十七番目の藤原定家、九十八番目の[6]藤原家隆、これら詠み人の配列のコントラスト《対照》が絶妙だからである。

智ではじめ徳でおさめる小倉山

という江戸期の川柳がある。

天智、持統両天皇の時代は朝廷の権威が内外に確立し輝いていた時代、柿本人麻呂も山部赤人もともに〝万葉歌人〟として双璧をなした歌聖であった。藤原家隆は定家の父、俊成に学び、後鳥羽院の最初の和歌の師として祗候し、『新古今和歌集』の撰者でもあり、生涯六万首以上の歌を詠んだ鎌倉初期の定家の朋輩であるとともに双璧をなす歌聖である。

定家は歌道において、たとえ相手が〝治天の君〟として君臨していた後鳥羽上皇であろうと臆することなく己の〝美学〟を貫いた。結果、その後の後鳥羽上皇との確執は融解することはなかったが、命を懸けてでも権威に対し屈しない芸術家としての矜持《プライド》には素直に頭《こうべ》を垂《た》れるしかない。

世上乱逆追討耳に満つと雖《いへど》も之を注せず。紅旗征戎吾が事に非ず。(7)

世は源平争乱の時代、定家十九歳にしてすでに『白氏文集』(8)中の一節「紅旗征戎」を援用して、

（大義名分をもった戦争であろうと所詮、野蛮なことで、芸術を生業《なりわい》とする身の自分には関係のないことである）

と言い放つ。これより晩年に至るまでの五十六年間、克明な漢文体の日記『明月記』(9)（『照光記《しようこうき》』ともいう）を書き始めた。定家の非政治的、芸術至上主義の姿勢は〝承久の変〟の時も、その後も変わらなかった。

その定家が後世に長く遺すことも意識し撰歌した歌集の金字塔とでもいうべき『小倉百人一首』である。『小倉百人一首』は、最後に順徳天皇の歌を置き、その歌才と〝順徳〟(10)を永遠に遺すための定家の順徳天皇への「鎮魂の歌集《レクイエム》」でもあるに違いない。

京極為兼、世阿弥、芭蕉、さらにドナルド・キーン(11)、三島由紀夫(12)など多くの作家たちから尊崇を集め「美の使徒」「夢の詩人」「理知の詩人」「言葉の詩人」と称された定家は、こんな言葉を残している。

和歌に師匠なし。只《ただ》、旧歌を以て師となす。心を古風に染め、詞《ことば》を先達に習はば、誰《だれ》人《びと》かこれを詠ぜざらんや。

見渡せば花ももみぢもなかりけり
浦の苫屋《とまや》の秋の夕暮れ

藤原　定家

定家もまた、院の崩御の前年に泉下の客となった。享年八十。

藤原為家[13]は定家の三男として生まれ、若い頃は和歌よりも蹴鞠《けまり》に熱中し、その縁で同好の順徳天皇に目をかけられ、齢がひとつ下でもあり兄弟のように親しくなった。承久二年（一二二〇）十一月五日の皇太子懐成《かねなり》親王（のちの仲恭天皇）の着袴《ちやっこ》の儀式には、順徳天皇の勅使ともなっている。しかし、承久の変後、為家の態度は一変する。順徳上皇は佐渡配流が決まると、為家を供奉者の筆頭に選んだ。最も心を許す間柄で、上皇も信頼を置いていたにもかかわらず、いざ出立となると為家は掌《てのひら》を返すように辞退し、御見送りすらせずに自分は都に留まったのである。父親の定家は自身の『明月記』でこの事を次のように記す。

角《かど》は聞へしかども、冷泉中将為家朝臣《れいぜいちゆうじようためいえあそん》、一《ひと》までの御送りをも申されず、都に留り給ふ。

定家と順徳上皇とは前述のとおり長年、和歌を通じて良好な師弟関係が続いていた。一方、ようやく為家も歌に熱意を持ち、かなりの上手ともなり、定家とすれば和歌師範家の後継者として考えた矢先のことであった。為家が都を離れ遠く佐渡へ順徳上皇とともに行ってしまうことへの心中察するに余り有る。が、それにしても、為家である。その後、順調に栄達し父定家を超える権大納言《ごんだいなごん》にまで昇りつめた。さらに、後嵯峨院歌壇の中心的な歌人としても活躍し、建治《けんじ》元年（一二七五）、天寿を全うした。享年七十八。

承久の変（一二二一）の七十七年の後（一二九八）、佐渡に流されてきた京極為兼は為家の孫にあたる。

（1）藤原《ふじわらの》定家《ていか》　鎌倉初期の歌人・歌学者・古典学者。名は「さだいえ」とも。父は俊成、母は藤原親忠の女《むすめ》。正二位権中納言まで進んだ。晩年出家し、法名は明静。『新古今和歌集』の撰者のひとりで、『新勅撰和歌集』『小倉百人一首』の撰者でもある。新古今時代の代表歌人で、その和歌・歌論は以後の文芸や文化に深い影響を与えた。また、『源氏物語』など多くの古典の書写や校訂などを行って、以後の本文研究の規範となった。日記に、十九歳から五十六年間書きつづけた『明月記』がある。家集に『拾遺愚草』、歌学書に『近代秀歌』『毎月抄』『詠歌之大概』、研究書に『顕註密勘』『僻案抄』『源氏物語奥入』など多数の著作がある。

（2）天智天皇《てんぢ》　第三十八代天皇。舒明《じょめい》天皇の第二皇子。中大兄皇子。葛城皇子。母は皇極《こうぎょく》天皇（斉明《さいめい》天皇）。藤原鎌足の協力で蘇我氏を滅ぼし、皇太子として大化の改新を断行。斉明天皇没後、称制を執り、近江の大津宮に遷都ののち即位。庚午年籍《こうごねんじゃく》を作り、近江令を制定し、内政の整備に努めた。

（3）持統天皇《じとう》　第四十一代天皇。天智天皇の第二皇女。名は鸕野讃良《うののささら》。天武《てんむ》天皇の皇后となり、天皇の死後、政務を執った。皇太子草壁《くさかべの》皇子の死後、飛鳥浄御原宮《きよみはらのみや》で即位。のち、藤原京に遷都。文武《もんむ》天皇に譲位後、太上天皇として政務を補佐した。

（4）柿本《かきのもとの》人麻呂《ひとまろ》　万葉集の代表的歌人。三十六歌仙のひとり。持統・文武両天皇に仕えた。長歌の形式を完成するとともに、短歌も数多く残し、後世、歌聖としてあがめられた。

（5）山部《やまべの》赤人《あかひと》　奈良前期の歌人。三十六歌仙のひとり。万葉集に長歌・短歌五十首を残す。史書に名が見えず、下級官吏であったと思われる。自然美を詠じた作に秀歌が多い。後世、柿本人麻呂とともに歌聖と称された。

（6）藤原《ふじわらの》家隆《いえたか》　平安末期から鎌倉前期の歌人。名は「かりゅう」とも。寂蓮の養子。藤原俊成に学び、『新古今和歌集』撰者のひとりとなり、藤原定家と並び称された。家集に『壬二集』がある。

（7）紅旗征戎《こうきせいじゅう》　朝廷の旗（紅旗）をおしたてて、外敵を征圧する（征戎）戦争を起すこと。

（8）白氏文集《はくしもんじゅう》　唐の白居易《はくきょい》の詩文集。元稹《げんしん》編の『白氏長慶集』五十巻（八二四年成立）に自撰の後集二十巻、続後集五巻を加えたもの。原本は七十一巻と目録一巻。日本には平安期に伝来し、『文集《ぶんしゅう》』と称され、愛読された。

（9）明月記《めいげつき》　鎌倉時代、藤原定家の漢文体日記。治承四年（一一八〇）～嘉禎元年（一二三五）までの公事・故事・歌道に関する見聞などを記し、史料としての価値が高い。

（10）順徳《じゅんとく》　道理に従う徳。徳に従って素直なこと。

（11）ドナルド・キーン　日本文学研究者・文芸評論家。一九二二年生まれ、二〇一九年没。米国ニューヨーク州出身。コロンビア大学在学中の一九四〇年に『源氏物語』を知り、日本文学の研究を志す。第二次世界大戦中に米海軍日本語学校で学び、戦後、ハーバード大学、ケンブリッジ大学を経て一九五三年に京都大学大学院に留学。その後はコロンビア大学の教授を務めながら頻繁に日本を訪れ、『徒然草』『奥の細道』などの古典や安部公房、三島由紀夫といった現代作家の作品を英訳して海外に紹介した。独自の日本文学論や日本の古典芸能の評論をまとめた著作も発表し、文学賞を多数受賞。二〇〇八年には文化勲章を受章した。二〇一一年の東日本大震災後、日本永住を決意して日本国籍を取得。主な著書に日本の日記文学を論じた『百代の過客』、全十八巻に及ぶ『日本文学の歴史』などがある。

（12）三島《みしま》　由紀夫《ゆきお》　小説家・劇作家。東京都出身。本名、平岡公威。東京大学法学部卒業。小説『金閣寺』や『潮騒』などで知られ、ノーベル文学賞の候補にも名を連ねた。『豊饒の海』は全四部からなり、仏教の輪廻転生をモチーフに、夭折を繰り返す主人公たちを描いた大作。三島は最終回の原稿を書き上げた後、東京・市谷の自衛隊駐屯地総監室を占拠。自衛隊員に決起を促す演説をした後、割腹自殺した。著『宴のあと』は、佐渡出身の元外務大臣有田八郎を題材にした小説で裁判にもなった。

（13）藤原《ふじわらの》　為家《ためいえ》　鎌倉中期の歌人・公卿。父は藤原定家、母は内大臣藤原実宗の女。嵯峨《さが》天皇の勅で『続後撰和歌集』『続古今和歌集』を撰した。参議・権大納言に至るが、薙髪して融覚《ゆうかく》と改め、民部卿入道・中院禅門と号する。子孫は二条・京極・冷泉の三家に分立した。

配所の月

明治十一年（一八七八）九月、明治天皇が北陸道御巡幸中、御馬車が出雲崎の海岸を通過した。その時、遥か海上に佐渡の島影が見えた。御陪乗の高崎正風《たかさきまさかぜ》（明治天皇の歌道の師）が、承久の変で配流となった順徳天皇が佐渡で寂しい生活をなされ、四十六歳の御若さで無念の思いのまま絶食のうち自ら御命を絶ったことなどを申し上げた。無言のまま聴き入っていた陛下の御顔をおそるおそる拝すると、涙をいっぱい湛《たた》えておられた、という。その後、明治天皇は、霞む島影に向かい遥拝《ようはい》された。この時随行していた侍従長の公爵、徳大寺実則《とくだいじさねつね》は、

行幸《みゆき》せし昔おもへば佐渡の島
　なみだに月のほのかなるかな

徳大寺　実則[1]

と詠み、正風は、

なかなかにこよひの月夜くもならん
　みゆればかなし佐渡の島山

高崎　正風[2]

と詠んだ。

西三川《にしみかわ》（佐渡市真野西三川地区）、笹川《ささがわ》村の砂金山最大の稼ぎ場であった虎丸山《とらまるやま》の西中段に「法名院塚《ほうみょういんづか》」がある。塚は順徳天皇の第四皇子、彦成《ひこなり》王の陵墓とされるが確証はない。

彦成王は三歳の時、承久の変で院と別れの悲しみがあった。その後、六歳の時、比叡山に入られ、天台座主で順徳院の外戚でもあった慈円大僧正を師として出家得度《とくど》し、法号を成尊《せいぞん》と名付けた。各教典を学び習得する事顕著であったので、座主は父親譲りの聡明さに目をかけ、特に天台の法門を授けるところ知る事速やかであったので、内外の宗徒も「佐渡の宮」（皇子の父君が佐渡にいた事により）ともてはやし、その才能を賞賛され将来の座主と期待されていた。しかし、父とも慕っていた慈円が入寂《にゅうじゃく》すると、この世の無常を痛切する。

さらに、いずれは佐渡の父君、順徳院の竜顔《りゅうがん》に接するべく渡航を心の中に抱いていたが、その望みも叶わぬまま、院の崩御の報が届く。その知らせを聞くや否や、矢も楯もたまらず、佐渡に向かわれた。その途次、「承元の法難」[3]で後鳥羽上皇により越後に流されていた親鸞《しんらん》聖人の弟子となり善空房信念《ぜんくうぼうしんねん》と称するようになった。

そして、寛元《かんげん》三年（一二四五）、二十七歳の時に佐渡に渡る。佐渡に着くと、信念（彦成王）は、雑田《ぞうた》郡の国府《こくぶ》近くを流れる竹田川《たけだがわ》の上流に位置する夏渡《なつわた》り（佐渡市真野竹田合《たけだごう》沢《ざわ》）にある院勅願により建てられた雲竜山勝興寺《うんりゅうざんしょうこうじ》の宿坊《しゅくぼう》に入られた。

その後、院が籠られていた真野山の堂所にしばらく住まわれ、そこに安置されていた御姿の形を捉えた尊像を抱き西三川笹川の山中に入られ、悲運の父君の御遺跡を巡拝しながら、その菩提を弔ったという。享年六十七。

清流のせせらぎが響きわたる山の中にひっそりと彦成王は祀られている。近くには敬畏惜しまぬ父君の遺品の尊像や阿弥陀如来像が保存される御堂が存する。

昭和十一年（一九三六）二月二十六日未明、〝尊王討奸《そんのうとうかん》〟を掲げ昭和維新を目指した陸軍皇道派の急進的青年将校らが蜂起。二・二六事件である。しかし、この日本近代史上未《み》曽《ぞ》有《う》の反乱は、わずか二日で鎮圧された。将校らへの思想的影響を与えたとされ、連座し処刑された思想家・革命家、北一輝《きたいっき》は佐渡が生んだ。北は、旧制佐渡中学二年の時、『彦成王ノ墓ヲ訪フ記』と題した作文を書いている。

嗚呼、暴ナル哉北条氏。嗚呼、逆ナル哉北条氏。北条以前ニ北条ナク、北条以後ニ北条ナシ。苟モ一天万乗ノ皇帝ヲシテ洋々タル碧海ノ孤島ニ竄シ、恨ヲ呑テ九京ノ人タラシム。（中略）豈ニ義時ノ墳塚ヲ鞭打タズシテ過サン。只惜ムラクハ未ダ逆賊ノ墓ニ会セザルヲ。（中略）言ヤ院ノ皇子彦成王時ニ京師ニアリ。院ヲ慕フテ止マズ。終ニ御意ヲ決セラレ、絹ヲ北海ノ荒海ニ解キ一幅ニ風ヲ納レテ、佐渡ガ島ニ達ス。島ハ古ヘ罪人流竄ノ地ナリシナリ。磽确累々トシテ足ヲカミ、松杉森々トシテ日光ヲ遮

リ、川ニ沿ヒ山ニ登リ谷ニ下リ、漸クニシテ行宮ニ達ス。侍人手ヲ執リ泣テ、帝ノ逝キシヲ告グ。(後略)

(暴虐なる北条、謀反者である北条よ。史上、朝家に弓を引いた者など後にも先にも北条以外聞いたことはない。いやしくも天子たる帝を絶海の孤島に配流し、痛恨の念を遺したまま崩御させた。……)

明治三十一年(一八九八)、前述の吉田松陰の漢詩を彷彿とさせる北一輝、弱冠十六歳での尊王慷慨の檄文。のちの世の思想界を聳動《しょうどう》させる天才の片鱗が垣間見える。

北一輝は生まれた時の名は輝次《てるじ》であったが、父の死を境に自ら輝次郎《てるじろう》と改めた。さらに後年、一輝と改名した。

明治三十九年(一九〇六)、二十三歳の北輝次郎は千頁《ページ》におよぶ処女作『国体論及び純正社会主義』を自費出版し世に問うた。反響は多大であったが、内務省はこれを危険思想と判断し、ただちに発禁処分とした。同書第四編「所謂国体論の復古的革命主義」の中で、次のように書いている。

天皇の祖先は皆多く優温閑雅の詩人的天才を遺伝的に有し、儒教の政治道徳学を理想として国家の利益と目的の為に行動すべきことを期待したり、

また、

吾人は今尚故郷なる順徳帝の陵に到る毎に詩人の断腸を思うて涙流る。

これらから、郷里佐渡の歴史、特に順徳帝への悲しみが〝若き北一輝〟のこころに色濃く影を落としていることが推察される。

二・二六事件で逮捕、収監された五十四歳の北一輝は、東京憲兵隊本部に於いて七回目の取調べを受けていた。陸軍司法警察官・福本亀治《ふくもとかめじ》陸軍憲兵少佐による「国家改造運動の

経緯に就いて」の問いに対して北は冒頭こう答えている。

私は佐渡に生れまして、少年の当時、何回となく順徳帝の御陵や日野資朝の墓や熊若《(ママ)》丸（阿新丸《くまわかまる》）の事蹟などを見せられて参りまして、承久の時の悲劇が非常に深く少年の頭に刻み込まれました。帝の痛ましさと云ふ様な事、乱臣賊子《らんしんぞくし》の憎むべき事と云ふ様な事は単純な頭に刻み込まれて来ました。（後略）

そして、北を死刑にした判決の理由は、

被告人北輝次郎ハ新潟県佐渡島ニ生レ、承久以降皇室ニ関係アル島内幾多ノ遺蹟伝説等ニ刺激セラレ、夙ニ国史及国体ニツキ関心ヲ有シ（後略）

と記載されている。

北は、図らずも結果として〝帝《みかど》〟に弓を引いた側に立たされ憎むべき〝乱臣賊子〟の汚名すら着せられた。しかし、自分が置かれた立場に対し微塵《みじん》も取り乱すことなく、判決を寂として受け入れ、その最期は、

泰然《たいぜん》自若《じじゃく》とした居ずまいと風格もそなえ、他者への思いやりに長けた人物だった。
流石《さすが》に一方の大将たるの風格あり

と裁判長から評され、刑務所内でも敬意をもって遇されたという。

地元の有志が昭和四十四年（一九六九）に建立した「北一輝・昤吉《れいきち》顕彰碑」が生地、佐渡両津湊《りょうつみなと》の八幡若宮《やはたわかみや》神社の境内に在る。昤吉は一輝の実弟で哲学者、教育者、さらに衆議院議員をも務めた。この石碑の裏面にはそれぞれの碑文が刻まれているが、一輝のそれは安岡正篤《やすおかまさひろ》による。

北一輝先生ハ明治ノ當地ガ産ンダ偉大ナ鬼才デアル　由來佐渡ハ國家ト信仰トノ為ニ

戦ッタ幾多ノ革命的人物流謫ノ地デアルガ特ニ順徳天皇ト日蓮上人ノ英魂ガ先生ノ心霊ニ深甚ナ化ヲ及ボシタ感ガ深イ（後略）

昭和四十四季五月吉日　安岡正篤[4]　撰書

時の世を震撼させた稀代《きたい》な書『日本改造法案大綱』を著し、「魔王」とも称された北一輝だが、過ぎし日、この神社に隣接する加茂《かも》湖畔で、叶わぬ恋と知りながら、見えなくなるまで見送った恋人を偲んで詠んだ貴公子然とした白皙《はくせき》の青年、輝次の面影を伝える相聞歌がある。

みえずみ江ずなる人かげをみおくりて
逢はれん思あわれぬ思

北　輝次

順徳天皇も『紫禁和歌草』の中で繊細な恋歌を詠っている。

人心あさかの沼のうす氷
かたみながらに消えわたるかな

（恋しい人の心が安積《あさか》の沼の薄氷のように浅いので、氷が見る見るうちに溶けてゆくように私も恋人と逢い見ていても消えていくようだ）

順徳天皇も北一輝も切なく儚い恋心を詠う妙手であった。

北一輝の辞世の句。

若殿に兜とられて敗けいくさ
北 一輝

昭和十二年（一九三七）八月十九日、放たれた銃弾の音は降り注ぐ蟬時雨《せみしぐれ》に掻き消され、波乱に満ちた五十五年の生涯を閉じた。

昭和十六年（一九四一）、北の遺骨は未亡人すず子に抱かれ故郷の佐渡に帰った。当局から〝国賊〟と看做《みな》され、北一輝の名を刻んだ墓標を建てることは許されず、憲兵らの厳しい監視のもと北家先祖代々之墓に納骨された。霊感の強かったすず子が真野御陵を参拝した後、順徳天皇が御姿を現すという体験をしているが、失意の裡に自裁された順徳天皇と夫一輝を重ね合わせたものだろう。

国内外を含め多くの〝北一輝論〟が存在するが、その中でも個人的に卓出した論稿だと思われる渡辺京二著(5)『北一輝』の「序章　佐渡」から少々長くなるが、ここに抜粋する。

（前略）佐渡は北海に泛ぶ荒涼たる孤島なのではない。佐渡は荒海という歌の文句、順徳・日蓮の配流の地という史的記憶などから、佐渡について絶海の孤島的イメージを抱くと、まちがう。これは、その中にいればそこが島であることを、ほとんど忘れるような大島である。しかもその風物はきわめて柔らかい。このゆたかさ、柔らかさは、大げさにいえば全島を覆うように感じられる松林から来る印象なのかも知れないが、そればかりでなく、さまざまな歴史的遺跡や神社仏閣などもふくめた文化的蓄積にもかかわる印象のように思える。島人の言葉にも辺境の粗野さはなく、関西風な柔らかい響きが感じられる。もちろんこの島は、冬は海が荒れる。（中略）にもかかわらずやはりこの島の全体的な印象は、北海の孤島というにはあまりにも柔らかくゆたかなのである。（中略）むろん佐渡は地理的に一個の辺境であろう。だが、私の見た佐渡は辺境と呼ぶには、あまりに柔らかくデリケートであった。そこには一種のみやびさえ感じられた。（中略）順徳の遺跡で聞いた松籟は、わびしいというよりむしろみやびやかであった。（中略）佐渡は、何と都であることか。（中略）私はこういう佐渡のデリケートな柔らかさ、いわばその都ぶりを、いかにも北一輝の生地にふさわしいものに感じた。というより、かねて北のなかに感じていた柔らかでデリケートな感性の根拠を、風土が裏づけてくれたというふうに思った。（中略）周知のように二・二六事件軍事法廷の判士吉田悳少将は、その手記のなかに第一回公判における北の印象について、次のような記録をとどめた。「北の風貌全く想像に反す。柔和にして品よく白皙。流石に一方の大将たるの風格あり」。（中略）この吉田判士の評語は、深く北の本質を云い当てている。「柔和にして品よく白皙」、私は佐渡の風土にまったくこれと同じ印象をもった。

佐渡は、いにしえの都《みやこ》からはあまりにも遠く、厳冬の海鳴りは背筋を凍らせ、牙を剝く波濤は何人《なんぴと》も島に寄せ付けようとしなかった。八百年前にこの島に流された順徳天皇は、どんなにか心細い思いをされたことであろう。在島二十二年の歳月は長過ぎた。若き帝王はこの島の山海万里に遊び、花鳥風月を愛《め》で、島人《しまびと》とふれあい、溢れる才能を書に残し、数多《あまた》の歌を詠い、そして、愛《かな》しい恋もしたであろう。

真野新町で生まれた私は幼少の頃、恋が浦も真野宮も真野御陵も身近な遊びの場であった。町の年寄りは順徳院を親しみを込めて「順徳さん」と呼んだ。遊びの場は院ゆかりの地であると易しく教えてくれたのは祖母だった。

今夜も順徳天皇の眺められた配所の月は、湾の水面《みなも》を青白い光で淡くゆらしている。

罪なくも流されたしや佐渡の月

ドナルド・キーン

罪なくて配所の月や佐渡生まれ

榎本　其角⑹

罪なくて配所の月を見る事は
古人の望みなるものを
身にも心のあるやらん

世阿弥

古今和漢を問わず詠まれ続けてきた「配所の月」は、佐渡を訪ねる者をみな詩人にする。

順徳天皇の御神霊がとこしへに安らかならんこと希《こいねが》い、擱筆《かくひつ》する。

（1）徳大寺《とくだいじ》　実則《さねつね》　公爵。明治天皇の侍従長。右大臣公純の長子。公爵西園寺公望・男爵先代住友吉佐衛門の兄。権中納言、権大納言を経て宮内省に出仕、天皇の側近に奉仕し侍従長の重職に与《あずか》る。次いで華族局長・爵位局長、内大臣を務める。

（2）高崎《たかさき》　正風《まさかぜ》　歌人。薩摩出身。歌を八田知紀《はったとものり》に学ぶ。温雅流麗な歌風で知られ、桂園派復興の中心歌人。御歌所所長、明治天皇の歌道の師。歌集に『埋木廼花』『たづがね集』がある。

（3）承元《じょうげん》の法難《ほうなん》　承元元年（一二〇七）後鳥羽上皇によって法然《ほうねん》の門弟四人が死罪とされ、法然及び親鸞ら門弟七人が流罪とされた事件。建永《けんえい》の法難とも。

（4）安岡《やすおか》　正篤《まさひろ》　陽明学者・哲学者。大阪府出身。東京帝国大学法学部卒業。二十代前半から陽明学者として活躍し、大正デモクラシーに抗して伝統的日本主義を主張。昭和二年（一九二七）に金鶏学院、同十六年（一九四一）に日本農士学校を設立、東洋思想の研究と後進の育成に努めた。戦中は小磯内閣の大東亜省顧問となり、終戦時の玉音放送の原案に朱を入れた。その後、同二十四年（一九四九）、全国師友協会を設立、政財官界の指導者を教化。同三十三年（一九五八）、新日本協議会に参加、安保推進、改憲を唱える。吉田首相から中曽根首相までの歴代首相から師と仰がれ、池田勇人の派閥を宏池会と名づけ、佐藤栄作の施政方針演説などの草稿に当たったが、生涯政治の表舞台には登場していない。著書に『東洋倫理概論』『政治と実践哲学』『王陽明研究』『陽明学十講』など約五十冊。

（5）渡辺《わたなべ》　京二《きようじ》　日本近代史家・評論家。昭和五年（一九三〇）生まれ。京都府出身。法政大学卒業。書評誌の編集者を経て、河合塾福岡校講師、のち河合文化教育研究所特別研究員。昭和五十四年（一九七九）『北一輝』で毎日出版文化賞。平成十二年（二〇〇〇）『逝きし世の面影　日本近代素描I』で和辻哲郎文化賞。同二十三年（二〇一一）『黒船前夜ロシア・アイヌ・日本の三国志』で大佛次郎賞。著作はほかに『小さきものの死』『評伝　宮崎滔天』『神風連とその時代』『江戸という幻景』など。

（6）榎本《えのもと》　其角《きかく》　江戸前期の俳人。江戸出身。姓はのち宝井、名は侃憲《ただのり》、幼名源助、別号に晋子・宝晋斎・狂雷堂・螺舎等。芭蕉門の高弟。晩年洒落風の俳諧を興す。その派を江戸座という。著作に『新山家』『萩の露』『句兄弟』『枯尾花』その他がある。

跋

順徳天皇（以下「院」という）は在島二十二年の間、佐渡の各地を訪ねたであろう。今も各地に伝承が語り継がれている。ここでは、私の生まれ故郷である佐渡の旧真野町を中心に院ゆかりの地と其処に纏《まつ》わる御製、そして訪れた人たちの〝うた〟を鏤《ちりば》めて書いた。なぜ、真野かと問われれば、それは、幼少より恋が浦も真野宮も真野御陵も遊びの場で、幼心に院を身近に感じていたからである。そして、院のことを話してくれたのは、学校の先生ではなく祖母であり、町の年寄りだった。

今年、令和三年（二〇二一）は承久の変が起こった承久三年から八百年の節目の年にあたる。それゆえか、ここ数年、承久の変の研究が進み、見直されている。ひとつは、この事変を以前の朝廷と幕府の対立関係の構図だけに捉われるのではなく、後鳥羽上皇という文武に長《た》けた帝王の人間関係に深く由るところがあったのではないか、と考えられていることである。さらに、大化の改新や明治維新のような歴史を大きく変えた大事変であったと捉える史家もいる。

しかし、順徳上皇については、ほとんどといっていいほど記述されていない。御父後鳥羽上皇の陰に隠れてしまっている感が否めない。むしろ、父君以上に朝権回復に意欲的かつ熱心だったことを本文で記したつもりである。

〝稀代のカリスマ〟後鳥羽上皇の皇子たちの中で、最もその才能の血を引き継いだのが順徳天皇だった。父は子を寵愛し、子は父を敬愛して止まなかった。その能力故に父子は大きな賭けに出た。しかし、賭けは無惨にも打ち拉《ひし》がれた。幕府は勝利したが両君の才能を懼《おそ》れ、遠島の刑を科し二度と復権させることなく、その芽を摘んだ。

阿仏房妙宣寺の五重塔

佐渡国分寺址から北東に一キロメートルほど進むと境内に五重塔を配する阿仏《あぶつ》房妙宣寺《ぼうみょうせんじ》という名刹がある。ここも真野の地である。境内はかつて雑田《ぞうた》郡領主本間山城守《ほんまやましろのかみ》の館（雑田城《さわた》）だった。

院が流されて、ちょうど五十年後の秋、日蓮聖人もまた幕府の怒りを買い佐渡に流された。令和三年は聖人佐渡配流七百五十年にあたり、翌四年は生誕八百年となる。日蓮聖人にとっての佐渡配流は独自の思想体系を樹立した時期となり、釈迦のいう「爾前《にぜん》・爾後《じご》」を捩《もじ》って「佐前《さぜん》・佐後《さご》」と位置づけ、聖人にとって大きな節目だったと自身述懐している。

妙宣寺は佐渡で最初の日蓮聖人の檀越《だんおつ》となった阿仏房日得《にっとく》上人を開基とする寺である。阿仏房はもとは遠藤左衛門為盛《えんどうさえもんためもり》という北面の武士で、院の佐渡配流に供奉し、佐渡に渡り院崩御後、出家してその墓を守っていたとの風説が流布《るふ》していた。本文に書かれているように史実として院の供奉者にはそのような武士はいない。おそらく、藤原康光を日得に置き換えた作り話だろう。日得の妻千日尼にしても、院が都へ帰れるよう千日の間、毎朝、塩垢離《しおごり》をしたので院が賞してその名を与えたという、これも同様に風説である。

風説といえば、日蓮聖人に関しては様々伝えられている。そのひとつとして聖人の出自に後鳥羽上皇の落胤説がある。詳しくは、のちの機会に記したい。ただ、少年時代の聖人は、自身の誕生の前年に起きた承久の変で、真言密教の祈禱を用いた朝廷方が幕府方に敗れたのはなぜか、との問題意識を持ち、主体的に仏教の教義の思索に取り組み、仏門に入る動因のひとつになったのは事実である。

そして、仁治《にんじ》三年（一二四二）、順徳上皇崩御の年であるが、二十一歳の時、比叡山遊学の途に上《のぼ》る。この間、第八十代天台座主は道覚《どうかく》（後鳥羽上皇皇子）、第八十一代は尊覚《そんかく》（順徳上皇皇子）であった。

建治《けんじ》元年（一二七五）、聖人五十四歳の時の著『神国王御書《しんこくおうごしょ》』の中で、承久の変で朝廷方が敗れたのは、真言の邪法による謗法の罪によるものと解釈し、慈円の真言祈禱を批判した。また、壇ノ浦の戦いで、安徳天皇が臣下の源氏に負け、入水し八歳で崩御されたことについても触れている。

境内には正中《しょうちゅう》の変（一三二四）に連座し佐渡に流され、元弘《げんこう》の変（一三三一）により斬首された後醍醐《ごだいご》天皇の側近、権中納言日野資朝卿の首塚がある。資朝の辞世の頌《じゅ》は以下である。

四大本無主　五蘊本来空　将頭傾白刃　但如鑽夏風

（この世はもとより実体はなく、肉体も精神もその本質は空である。今、まさに我が首は白刃を揺らそうとしている。しかし、それもまた夏の風を斬るようなものだ）

承久の変から百十年後のことだった。

資朝の遺子《いし》、邦光《くにみつ》（幼名は阿新丸《くまわかまる》）が佐渡へ来て父の敵討《かたきうち》をする説話が『太平記』の「阿新殿事《くまわかどのこと》」にある。阿新丸のことは母が話してくれた。幼心にわくわくし、胸躍らせたことは今でも憶えている。この話を出典とする謡曲『檀風《だんぷう》』は世阿弥が佐渡で書いたとされるが、これも定かではない。

この話の舞台になった大膳《だいぜん》神社は妙宣寺のすぐ近くにある。社《やしろ》は阿新丸を助けた大膳坊《だいぜんぼう》と日野資朝を合祀している。杉林に囲まれた境内には、島内最古の神寂《かむさ》びた能舞台があり、薪能が今でも演じられている。これらについても長くなるので、のちの機会に記したい。

大膳神社 能舞台

日蓮聖人は在島二年半の間、主著ともいえる『開目抄《かいもくしょう》』と『観心本尊抄《かんじんほんぞんしょう》』を著し、赦免状が届き島を去った。老体の世阿弥は二年余りを過ごし、詞章《ししょう》『金島書《きんとうしょ》』を書きあげた後、消息を断った。順徳上皇は、二十二年という長き歳月を過ごし、その間、後世に至るまで大きな影響を及ぼした歌学・歌論書『八雲御抄』を完結させたが、還京の願いはついぞ叶わず自ら命を絶った。

佐渡に流された日蓮や世阿弥、さらに為兼、資朝にはそれぞれの〝生《い》き様《よう》〟の一貫した〝顔〟が明確に見える。日蓮には宗教家、世阿弥には芸術家、為兼には歌人、資朝には政治家としての顔である。しかし、順徳天皇には幾つかの顔が覗く。秀でた歌人としての顔、博学で洞察力に優れた学者としての顔、そして、御父後鳥羽上皇とともに挙兵した勇猛果敢な行動する政治家としての顔である。このコンプレックス（複合体）こそが順徳天皇をいっそう輝かせ魅力的にしている。加えて、二十二年の長きに亘《わた》る遠島生活の後の自裁は悲劇性を弥増《いやま》し、哀憫《あいびん》の情を誘う。

昭和三十九年（一九六四）六月、昭和天皇は離島時、風が強かったにもかかわらず、おけさ丸の甲板にお出でになられ、順徳天皇への「胸せまりくる」思いを再び強くされ、名残惜しむように遠ざかる佐渡の島影を眺めつつ、惜別の御気持ちを詠まれた。

風つよき甲板にして佐渡島に
　わかれをしみて立ちつくしたり
　　　　　　　　　　昭和天皇

現在、私は東京と佐渡を行き来して生活しているが、佐渡へ戻るたびに古人が残した歴史を嚙み締める。

佐渡は万葉の時代《とき》より、流謫《るたく》の地として数多《あまた》の客人《まれびと》を受け入れてきたが、皇族（註）は順徳天皇だけである。在島二十二年の星霜は院の人生の半分を占める。偉大な御父後鳥羽上皇の皇嗣として嘱望されていたが数年後、悲劇が襲った。この有能な若き帝王の孤島での生活を想うと心が痛む。

（註）厳密には、もう一方《ひとかた》、奈良時代、橘奈良麻呂の変に連座した安宿王《あすかべのおう》が天平宝字元年（七五七）、妻子とともに佐渡に配流されている。在島十七年。王は、天武《てんむ》天皇の曾孫、長屋王《ながやおう》の第五子で孝謙《こうけん》天皇に代わる天皇の有力候補に挙げられていた。赦免時、宝亀《ほうき》四年（七七三）、高《たか》階《しなの》真人《まひと》の姓を賜り臣籍降下《しんせきこうか》し皇族から離脱している。

文才にも秀でた院が在島の間、宸記《しんき》（日記）を認《したた》めなかったとは思えない。『佐渡志《さどし》』がいう、自裁の直前、近習に命じ焼却させたにちがいない。是非も無い。

御陵の前に額《ぬか》づき松籟《しょうらい》に身を委ねていると、院の御霊《みたま》が今も風に乗って島を彷徨《さまよ》っているような気がする。だから、院の足跡を訪《とぶら》い、気の遠くなるような遥か彼方の院の御影や余香を幽《かす》かでもいいから感じてみたいと思っている。
若く鮮やかな悲劇の帝王の御陵《みささぎ》の梺《ふもと》で生まれたこと、ただそれだけだが、些《いささ》かの矜持《ほこり》を抱いている。それはささやかなナルシシズムかもしれない。本文冒頭の「恋が浦」で与謝野晶子が詠んだ短歌《うた》を再び思い起こす。

われ佐渡の子ならば真野の海を見て
　悲しむことの少なかりけん

真野小学校に通っていた頃、気持ちが塞いで落ち込んでいた時、母がこの短歌を読んで聞かせてくれた。今も脳裡に刻まれている。どんなに齢を重ねても、真野の先輩諸氏は時に「陵下の健児の誇りを忘れるな」と、私たち後輩らに檄《げき》を飛ばす。

往時の人や建物は既に歴史の記憶の中にあるが、順徳天皇が過ごした時と同じように、真野の入江も、真野の深山も、真野川も、今もある。そして、小佐渡の空に広がる朱鷺《とき》色の朝焼けも、真野湾を照らす茜《あかね》色に染まる夕焼けも、黄金色に輝く稲穂を揺らす檀《まゆみ》が丘も、山々に木霊《こだま》する野性の息吹もここにある。

檀風城跡の春の草　真野山稜の秋の月
松吹く風の音にきく　あはれ千古の悲想曲

世々の姿は変はれども　変はらぬ道をひとすじに
昔陣場の高台は　今忠孝の揺らん地

雄姿りんたる金北の　高嶺にならうわが剛気
雪より清き健児らの　胸正大の気ぞ起これる

海原照らす朝日子の　光かぐしき金糸かも
われさきがけの意気高く　いざや進まん真野健児

大正十五年七月七日制定旧真野小学校校歌（相馬御風　作詞）

檀《まゆみ》ケ《が》丘《おか》に緑《みどり》射《さ》す
塩屋《しおや》ケ《が》崎《ざき》に寄る波の
真野の深山《みやま》に咲き薫る
国府《こう》の河原《かわら》に啼く雁《かり》の
土筆《つくし》のように元気よく
飛沫《しぶき》のように絶え間なく
野菊のように美しく
遠い文化を新しく

伸びる望みの胸を張る
磨く知識の虹を呼ぶ
通う心の手を繋ぐ
拓《ひら》く誇りの夢が湧く

真野小学校校歌より抜粋　（金子昇　作詞）
仰げば北に金嶺の
小佐渡山並なだらかに
老松高きみささぎや
ありし昔をおもふにも

雄々しき姿みんなみは
愛しき我等が学園よ
雑田《さわた》の里の彩紅葉《あやもみじ》
ゆかし我等が古里よ

真野中学校校歌より抜粋　（山本修之助　作詞）

順徳天皇を偲んで。

みやびやかなりし帝のみささぎに
御影おもひて山河にぬるる

山田　詩乃武

都忘れ若き帝の余香たつ
白き花弁のなごり哀しき

山田　詩乃武

涼やかに真野の入江に浮かぶ月
光彩ゆるる御影おもへば

山田　詩乃武

補遺

本文末尾で北一輝のことに誤解や批判を恐れずに幾分、頁《ページ》を割いた。北一輝の名の初見は佐渡高校時、日本史の教科書の欄外であった。日本史事典でその名を引くと新潟県佐渡郡両津湊町（現：新潟県佐渡市両津湊）出身と記されていた。この時から北一輝は脳裡に刻まれ、事件よりもむしろ、なぜ同郷の佐渡からこのような異材が輩出したのかを考え続けてきた。

承久の変も二・二六事件も日本の歴史を大きく動かした出来事である。前者は〝朝儀復権〟を目指し、上皇の院宣、天皇の宣旨を下し、後者は北が〝天皇大権ノ発動ヲ奏請シ、天皇ヲ奉ジテ速カニ国家改造ノ根基ヲ完ウセザルベカラズ〟と断じた。見方によればどちらも共通のテーマのひとつは広義での〝天皇制〟であった。順徳天皇は『禁秘御抄』を、北一輝は『日本改造法案大綱』を携えて事に臨んだが、その念《おもい》は叶わず潰《つい》えた。両者は基本的に〝文の人〟だった。

北一輝は町の分限の家に生まれ、厳格な祖母や信心深く教養を備えた母の影響を受け、早くから漢学者に学び神童と謳《うた》われた。少年時の作文、青年時の著作、取調べでの供述から頻繁に順徳天皇が登場する。そのことは、この早熟な天才のこころに〝流人の帝〟という極めて〝特殊な天皇〟、さらに自裁という最期に同情とともに天皇の痛憤と無念が棲みつき、銃殺刑という己の異常な最期に至るまで付き纏《まと》い離れることがなかったことの証左だろう。

順徳天皇も北一輝も、共にその人生は悲劇的である。――悲劇とは、巨大な宿命に人間の運命が圧倒され、押し潰されていく身体の痛みや悲しみを如実に描いた物語である――とニーチェもまた語ったように記憶している。ギリシア悲劇にもシェイクスピアの悲劇にも古今東西、共感を覚えるのは、全ての人間には悲劇性が大なり小なり宿っていて、悲劇を観劇することで覚醒し魂が共振するからだろう。その悲劇性は逆説的に生きる糧ともなっているはずである。

様々な偶然と必然の要因が重なって起きた結果としての悲劇を運命論として片づけてしまえばそれまでだが、承久の変における順徳天皇の〝改革者〟というより〝革命者〟としての敗北の悲劇が、北一輝のそれと重なって映ってしかたない。

後記

本書に登場する人物には統一を図るため敬称を略させていただいた。礼を失することをお許し願いたい。

本文の内容に関して外交評論家の加瀬英明先生から示唆に富む有益なご意見をいただいたことを感謝申し上げたい。特に、「和歌を詠むことそのものが天皇のなりわいである」とご教示いただいたことは印象深く、順徳天皇の著した『禁秘御抄』に書かれていることを知り、先生の博学ぶりに改めて驚いた。さらに、名筆として知られる安倍晋三前首相のご母堂、安倍洋子様から「順徳天皇」題字を揮毫《ふる》っていただき恐懼に耐えない。安倍洋子様の題字潤筆においてエッセイストの濱田麻記子様よりお骨折りをいただいたこと、衷心より感謝申し上げたい。上代・中世日本政治史・法制史を専門とし、神社・祭祀の研究、皇室史関連の著述を多く刊行されている所功先生から原稿に目を通していただき、ご指導・ご指摘を賜ったこと深謝申し上げたい。

佐渡高校時の恩師で故山本修之助先生の御長男、現在『佐渡郷土文化』誌を主宰し健筆を振るっておられる歌人で郷土史家の山本修巳先生へもお伺いしてご教示いただき、拙《つたな》い和歌へのご指導もいただいたこと御礼申し上げたい。

そして、佐渡島内外の知己、未知にかかわらず多くの方々にお世話になった。佐渡では、真野新町の大先輩、めおと岩観光株式会社の佐々木英之社長とともに恋が浦、真野宮、真野御陵、国分寺跡、黒木御所、皇子女の陵墓など順徳天皇ゆかりの地を隈なく訪ねた。さらに御舟石がある深山の中までご一緒いただいた。万謝に堪えない。氏の順徳天皇への尊崇と敬慕の気持ちが、そばにいてひしひしと伝わった。しかし、御命を絶った堂所址へは参道がなく、藪の中に埋もれ危険とのことで行けなかった。ふたりとも哀悼の意を捧げられず痛恨の気持ちを未だに共有している。参道の整備を希求している。

旧真野町助役を長年務められ、二十九年前の崩御七百五十年の記念行事にもご参加された山田淳二氏からも有意義なお話と参考書籍・資料を頂戴した。ご厚情に感謝したい。

旧真野町町議会議員を長年務め雄弁を振るった金子克己氏から激励を賜ったこと、真野健児の後輩として有難く感じている。

佐々木氏も山田氏も金子氏も、順徳天皇の話をしていると皆、目が潤んでくるのは今も強く印象に残っている。

元佐渡高校教諭、佐渡真野豊田の諏訪神社宮司で八十歳を超えてもなお、東京大学大学院に籍を置き研究に余念のない豊原久夫先生からも忌憚《きたん》のないご意見、ご指摘をいただいた。

本書の表紙を飾る優美な絵をこころよくご提供くださったのは日本画家、新澤由貴女史である。女史は、美術団体である一般社団法人旺玄会の理事常任委員で佐渡真野新町出身である。素晴らしい表装となったことに厚く御礼申し上げたい。山田淳二氏は女史の従弟にあたる。

出版業界の厳しい折、本書の刊行にお力添えくださった株式会社ＰＨＰエディターズ・グループの池谷秀一郎編集長、菅原玲子氏には原稿の増訂を何度も何度も繰り返し、お手を煩わせたにもかかわらず、温かいご支援とご尽力をいただいた。改めて謝意を表したい。

また、家族の協力なくして本書は生まれなかった。三十五年前、天に召され今も心の中に生き続けている長男、二人の息子たち、とりわけ妻にはわがままな夫を支え続けてくれたこと、こころより感謝している。

令和三年　早春　　　朱鷺が舞う森を臨む陋宅にて

山田　詩乃武

自宅より霊峰金北山を望む

【参考及び引用文献】

『増鏡』井上宗雄　全訳注（講談社）
『吾妻鏡』竜粛　訳註（岩波書店）
『太平記』兵藤裕己　校注（岩波書店）
『愚管抄』慈円　大隅和雄　訳（講談社）
『神皇正統記』北畠親房　岩佐正　校注（岩波書店）
『定家明月記私抄』堀田善衛（筑摩書房）
『平家物語』梶原正昭・山下宏明　校注（岩波書店）
『源氏物語』柳井滋・室伏信助　他　校注（岩波書店）
『真野町史　上巻』真野町史編纂委員会　編集（真野町教育委員会）
『金井町史』金井町史編纂委員会　編集（金井町教育委員会）
『順徳天皇』今春聴（有光社）
『順徳天皇を偲び奉る』長藤藏（佐々木栄吉出版部）
『順徳天皇とその周辺』藝林会　編集（臨川書店）

『順徳天皇を仰ぐ』藝林会・佐渡真野町順徳天皇七百五十年祭奉賛会　編（新人物往来社）
『佐渡郷土文化』「佐渡の順徳上皇」藤橋進（佐渡郷土文化）
『順徳天皇』山本修之助（順徳天皇七百五十年祭奉賛会）
『順徳天皇　佐渡の御遺跡』山本修之助（順徳天皇奉讃会）
『佐渡の島』山本修之助（池田屋書店）
『佐渡の順徳院と日蓮』山本修之助（佐渡郷土文化の会）
『佐渡の日野資朝卿』山本修之助（歌碑建立の会）
『文学のなかの佐渡』山本修之助（佐渡郷土研究会）
『佐渡郷土文化　第三十二号』山本修之助　編集（佐渡郷土文化の会）
『佐渡郷土文化　第三十六号』山本修之助　編集（佐渡郷土文化の会）
『佐渡の順徳院と日蓮新発見』杉本保雄（歴研）
『歴史研究378　特集　順徳天皇と佐渡』倉田藤五郎　他（新人物往来社）
『佐渡院　伝誦編』森谷山城（精神文化研究会）
『定本・佐渡流人史』山本仁・本間寅雄　責任編集（郷土出版社）
『図解　にいがた歴史散歩』山本修之助　他（新潟日報事業社出版部）
『佐渡の百年』山本修之助（佐渡郷土文化の会）

『かくれた佐渡の史跡』山本修巳（新潟日報事業社）
『佐渡のうた』山本修巳（佐渡郷土文化の会）
『佐渡郷土文化』「佐渡の順徳院　―御製を中心に―」山本修巳（佐渡郷土文化）
『佐渡』青野季吉（佐渡郷土文化の会）
『佐渡人物志』萩野由之（佐渡郡教育會）
『佐渡歴史散歩』磯部欣三（創元社）
『世阿弥配流』磯部欣三（恒文社）
『佐渡金山』磯部欣三（中央公論新社）
『佐渡国泉の人物誌』佐渡国泉の人物誌編纂委員会　編著
『佐渡の伝説　日本の伝説9』浜口一夫・吉沢和夫（角川書店）
『佐渡紀行』木原尚（新潟日報事業社）
『平家後抄　上・下』角田文衛（朝日新聞社出版局）
『美貌の皇后』亀井勝一郎（角川書店）
『怨霊になった天皇』竹田恒泰（小学館）
『天皇の国史』竹田恒泰（ＰＨＰ研究所）
『小説　後鳥羽院』綱田紀美子（オリジン出版センター）

『院政　天皇と上皇の日本史』本郷恵子（講談社）
『院政　もうひとつの天皇制』美川圭（中央公論新社）
『中世の天皇と音楽』豊永聡美（吉川弘文館）
『承久の乱に於ける順徳天皇と佐渡』長藤蔵（佐々木栄吉出版部）
『承久の乱』坂井孝一（中央公論新社）
『承久の乱』本郷和人（文藝春秋）
『執権　北条氏と鎌倉幕府』細川重男（講談社）
『逆説の日本史５　中世動乱編』井沢元彦（小学館）
『歴代天皇の実像』所功（モラロジー研究所）
『歴代天皇総覧』笠原英彦（中央公論新社）
『歴代天皇事典』高森明勅　監修（ＰＨＰ研究所）
『歴代天皇・年号事典』米田雄介　編集（吉川弘文館）
『平泉澄博士神道論抄』平泉澄（錦正社）
『昭和天皇の苦悩　終戦の決断』加瀬英明（勉誠出版）
『歴史に恋して』村松英子（万葉舎）
『昭和天皇　御製にたどるご生涯』秦澄美枝（ＰＨＰ研究所）

『王朝みやび　歌枕のロマン』秦澄美枝（澄美枝アカデミー）
『日本の霊性　越後・佐渡を歩く』梅原猛（佼成出版社）
『詳説日本史　改訂版』（山川出版社）
『詳説日本史図録　第8版』（山川出版社）
『藤原定家の時代　中世文化の空間』五味文彦（岩波書店）
『藤原定家『明月記』の世界』村井康彦（岩波書店）
『日蓮教学とその展開』庵谷行亨先生古稀記念論文集刊行会　編（山喜房佛書林）
『日蓮聖人の歩みと教え〈佐渡期〉』高橋俊隆（山喜房佛書林）
『流人帖　伊豆・佐渡・隠岐の流人』森末義彰　編（人物往来社）
『胡蝶の夢』司馬遼太郎（文藝春秋）
『街道をゆく10　羽州街道、佐渡のみち』司馬遼太郎（朝日新聞出版）
『北一輝のこころ』宮川悌二郎（大東塾出版部）
『北一輝』渡辺京二（朝日新聞社）
『北一輝著作集』北一輝（みすず書房）
『北一輝と二・二六事件の陰謀』木村時夫（恒文社）
『二・二六事件　判決と証拠　新訂版』伊藤隆・北博昭（朝日新聞社）

『佐渡相川郷土史事典』相川町史編纂委員会　編（相川町）
『百人一首一夕話』尾崎雅嘉　古川久　改訂（岩波書店）
『詩学』アリストテレース　松本仁助・岡道男　訳（岩波書店）
『学習用例古語辞典』金田一春彦　監修（学研プラス）
『ブリタニカ国際大百科事典』（ティビーエス・ブリタニカ）
『デジタル大辞林　第四版』（三省堂）
『デジタル版日本人名大辞典』（講談社）
『朝日日本歴史人物事典』（朝日新聞社）
『旺文社日本史事典』（旺文社）

佐渡市立真野小学校　校歌
佐渡市立真野中学校　校歌

【順徳天皇 年譜】

西暦	和暦	月(旧暦)	日	天皇	歳(数え歳)	順徳天皇および主な関連事項	日本・世界の動き
1192	建久3	3	13	後鳥羽		後白河法皇、崩御	
		7	12				源頼朝が征夷大将軍に就任
		8	9				源実朝、誕生
1195	建久6	11	1			為仁親王(土御門天皇)誕生。後鳥羽天皇の第一皇子。生母は源在子(のちの承明門院)	
1197	建久8	9	10		1	順徳、誕生。後鳥羽天皇の第三皇子。諱は守成。生母は藤原重子(のちの修明門院)	
1198	建久9	1	11		2	後鳥羽天皇、為仁を皇太子に立て譲位。土御門天皇践祚	
		3	3	土御門		土御門天皇即位(4歳)	
							歌人・藤原為家(藤原定家三男)誕生
1199	正治元	1	13		3		源頼朝、死去
		1	26				頼朝の子、頼家が第二代鎌倉幕府将軍(鎌倉殿)となる(18歳)
		12	6			順徳、親王宣下	
1200	正治2	4	15		4	兄土御門天皇の皇太弟となる	
		9	11			同母弟雅成親王、誕生	
		11	21			順徳、御着袴の儀	
							源頼家の子公暁、誕生
1201	建仁元	7	22		5	異母弟頼仁親王、誕生	
1202	建仁2				6		建仁寺建立
1203	建仁3	9			7		頼家、伊豆修禅寺に幽閉

1203	建仁3			土御門			北条時政、初代執権となる
		9	7				実朝、第三代鎌倉幕府将軍になる
							第4回十字軍、コンスタンティノープルを占領
1204	元久元				8		コンスタンティノープル陥落。東ローマ帝国滅亡
		7	18				源頼家、死去
						異母弟朝仁親王（道覚法親王）、誕生。のち天台座主	
1205	元久2	3	26		9		『新古今和歌集』成立
		5	10			藤原範季（外祖父）、死去	
		7	20				初代執権北条時政、執権を廃され出家。子、義時が第二代執権となる
1206	元久3	3	7		10	九条良経卿（義父、中宮立子の父）、薨去	
							チンギス・ハン、モンゴル帝国建国
1207	建永2	4	5		11	九条兼実卿（外祖父、中宮立子の祖父）、薨去	
1208	承元2	12	25		12	順徳、大内にて元服	
1209	承元3	3	23		13	九条立子（18歳、のち東一条院）を東宮御息所となす	
							オットー4世、神聖ローマ帝国皇帝として戴冠
							フランシスコ会結成
							英国ケンブリッジ大学創立
1210	承元4	11	25		14	土御門天皇譲位、皇太弟守成親王践祚	
		12	28	順徳		順徳天皇即位	
		12	29			立子に女御宣旨	
							オットー4世、教皇インノケンティウス3世により破門される
1211	承元5	1	19		15	後鳥羽院、高陽院に朝観行幸	

西暦	和暦	月（旧暦）	日（旧暦）	天皇	歳（数え歳）	順徳天皇および主な関連事項	日本・世界の動き
1211	承元5	1	22	順徳	15	立子、中宮となる	
1212	建暦2	1	25		16		法然(浄土宗開祖)、死去
		2	3			水無瀬宮に行幸	
		2	18			守貞親王の皇子(茂仁)、誕生。のち86代後堀河天皇	
		3	30				鴨長明、『方丈記』完成
		11	13			大嘗会	
1213	建暦3				17		和田合戦。和田義盛、敗死
1214	建保2	12	13		18		平徳子(建礼門院)、崩御
1215	建保3	1	6		19		初代執権北条時政、死去
		3	10			後鳥羽院、高陽院に行幸	
		4	23			平野社に行幸	
		4	26			大原野社に行幸	
		6	5				栄西(臨済宗開祖)、死去
		7				順徳天皇皇子、尊覚法親王、誕生	
		10	16			内裏和歌御会	
		10	24			内裏名所百首和歌御会	
							イングランド諸侯、国王ジョンに「マグナ・カルタ(大憲章)」提出
							クビライ・ハン、誕生
1216	建保4	3	15		20	内裏二百首御和歌	
		6	10				鴨長明、死去
		6	20			一代一度大仁王会	
		8	15			内裏和歌御会	
		8	22			内裏御歌合	

西暦	年号	月	日	天皇	年齢	事項	関連事項
1216	建保4	8	24	順徳	20	内裏當座御歌合	
		9	13			内裏當座和歌御会	
		10	16			内裏當座和歌御会	
		11	1			内裏和歌御会	
1217	建保5	3			21	内裏當座和歌御会	
		4	20			内裏御歌合	
		6	2			内裏當座和歌御会	
		6	24			内裏御歌合	
		6	25			内裏當座和歌御会	
		7	1			内裏御歌合	
		8	15			内裏康申和歌御会	
		10	16			内裏當座和歌御会	
		10	19			内裏四十番當座御歌合	
		10	22			内裏當座和歌御会	
		11	1			内裏御歌合	
		11	21			内裏當座和歌御会	
1218	建保6	1	16		22		九条頼経(三寅)、誕生。のち鎌倉第四代将軍
		2	21			内裏御歌合	
		4	1			伊勢神宮へ御製十五首を進め、神宮御宝前で焼却せしむ	
		4	26			清涼殿で童舞を御覧	
		5	30			内裏御歌合	
		6	16			内裏御池に船を浮かべて管絃	
		7	7			内裏當座和歌御会	
		7	12			内裏當座和歌御会	
		7	22			清涼殿東庭で童舞を御覧	

西暦	和暦	月（旧暦）	日	天皇	歳（数え歳）	順徳天皇および主な関連事項	日本・世界の動き
1218	建保6	8	13	順徳	22	中殿で和歌管絃御会	
		9	2			内裏當座和歌御会	
		9	13			内裏和歌御会	
		9	20			五壇法以下の御修法を修して中宮の御産を祈る	
		10	10			中宮立子との間に皇子(懐成)誕生。のちの仲恭天皇	
		10	25			内裏當座詩歌合	
		10	29			内裏當座和歌御会	
		11	21			皇子(懐成)、立太子	
1219	承久元	1	27		23		第三代鎌倉将軍源実朝、甥の公暁に殺害せらる
		2	6			後鳥羽上皇、俄かに水無瀬殿より還御。五壇法以下の御修法を修して国土安穏玉体安穏を祈願	
		2	13			幕府、後鳥羽上皇の皇子、雅成親王(六条宮)か頼仁親王(冷泉宮)を将軍に奉ぜんことを要請、上皇これを保留する	
		2	23			内裏當座御歌合	
		3	8			後鳥羽上皇、幕府に摂津長江・倉橋両庄地頭職の改補を要請、その使者、出京	
		6	3				九条道家の子、三寅(頼経)を鎌倉殿となす
		7	13				後鳥羽上皇、兵を遣わし、大内守護源頼茂を討たしむ
		7	14				大内の焼亡により廃朝3日
		7	27			内裏百番御歌合	

1219	承久元	9	7	順徳	23	内裏日吉御歌合	
		11	3			舞楽を御覧	
						『禁秘御抄』の稿を起こす	
1220	承久2				24		慈円著『愚管抄』
		2	26			土御門天皇の皇子(邦仁)、誕生。のち88代後嵯峨天皇	
		3	3			内裏當座和歌御会	
		3	15			皇太子(懐成)、御着袴の儀	
		3	23			内裏當座御歌合	
		3	24			内裏當座御歌合	
		4	14				源頼家の子、禅暁、京で殺害せらる
		4	28			仁和寺殿で當座和歌御会	
		5	29			舞楽を御覧	
		12	10			第一皇子(尊覚)、仁和寺の道助法親王に御入室	
1221	承久3	1	17		25	後鳥羽院、高陽院に朝覲行幸	
		2	21			内裏和歌御会	
		3	15			石清水社に行幸	
		3	20			賀茂社に行幸	
		4	2			伊勢、石清水、賀茂三社に奉幣	
		4	20	仲恭		皇太子懐成親王に譲位。仲恭天皇即位	
		4	23			先帝に太上天皇の尊号をたてまつる	
		5	9			順徳上皇、新日吉の小五月会に臨幸	
		5	14			後鳥羽上皇、北条義時追討のため京畿の軍兵および諸寺の僧兵を徴し、西園寺公経を弓場殿に拘禁す	
		5	15			京都守護伊賀光季を討ち、宣旨・院宣を諸国へ下し義時を追討せしむ	承久の変、勃発
		5	19			討幕の報、幕府に達し、北条泰時・時房らをして京都に兵を進めしむ	

西暦	和暦	月日（旧暦）	天皇	歳（数え歳）	順徳天皇および主な関連事項	日本・世界の動き
1221	承久3	5 26	仲恭	25	三上皇、御立願	
		5 27			道助法親王をして高陽院において守護経法を修せしむ	
		6 5			朝廷軍、大井戸、鵜沼、摩免戸において敗れ、敗走	
		6 6			朝廷軍、墨俣河において敗れる	
		6 7			義時追討祈願として十一社に奉幣	
		6 8			朝廷軍の諸将、帰京して敗戦の状を奏し、三上皇、叡山に御幸	
		6 10			後鳥羽上皇、延暦寺宗徒をして幕府西上に備えんとするも、宗徒ら辞退す。三上皇、高陽院に還幸	
		6 14			朝廷軍、宇治・勢多において敗れる	
		6 15			幕府軍、京都に入る。土御門・順徳両上皇は高陽院より賀茂・貴布禰辺に御幸。後鳥羽上皇は小槻國宗を遣わし、北条義時追討の宣旨を召し返すことを告げ、義時の官職を元に戻す	承久の変、終息
		6 16			北条泰時・時房、京都六波羅に駐し、戦後処理に当たる	
		6 19			後鳥羽上皇、高陽院より四辻殿に移御。順徳上皇は大炊御門殿に、土御門上皇、雅成親王、頼仁親王もそれぞれの邸に還御	
		7 6			後鳥羽上皇、鳥羽殿に遷幸	
		7 8			後鳥羽上皇、鳥羽殿で御出家。藤原信實に宸影を描かしむ	行助入道親王（のちの後高倉院）、幕府の請により院政を始む
		7 9	後堀河		後堀河天皇即位 仲恭天皇譲位、後堀河天皇践祚	

1221	承久3	7	13	後堀河	25	幕府、後鳥羽上皇を隠岐へ配流。後鳥羽上皇、出発。西御方、伊賀局(亀菊)、藤原能茂、和気長成ら供奉す	
		7	20			順徳上皇、岡前(おかざき)殿に渡御	
		7	21			幕府、順徳上皇を佐渡へ配流。順徳上皇、都を出発	
		7	24			幕府、雅成親王を但馬に配流	
		7	25			幕府、頼仁親王を備前児島に配流	
		10	10			幕府、土御門上皇を土佐(のち阿波)へ配流	
1222	貞応元	2	16		26		日蓮(日蓮宗開祖)誕生
		6	25			順徳上皇皇后立子に院号宣下、東一条院	
1223	貞応2	5	14		27	守貞親王(行助入道親王。後高倉院)崩御	
							高陽院、放火により焼失
							新補地頭の得分を定める
1224	貞応3				28		親鸞『教行信証』著す。浄土真宗(一向宗)開宗
1225	嘉禄元	7	11		29		北条政子、死去
		9	25				慈円、死去
1226	嘉禄2				30		鎌倉幕府、評定衆設置
1227	嘉禄3				31		チンギス・ハン、死去
							道元帰朝、曹洞宗開宗
							西夏、滅亡
							平安京大内裏、焼失
1231	寛喜3	2	12		35	四条天皇(87代)、誕生	
		10	11			土御門上皇、阿波国池谷の行在所で崩御	
1232	貞永元				36	『順徳院御百首』成立	
		8	27				御成敗式目(貞永式目)、制定
		10	4	四条		四条天皇即位	

西暦	和暦	月（旧暦）	日（旧暦）	天皇	歳（数え歳）	順徳天皇および主な関連事項	日本・世界の動き
1233	天福元			四条	37	善統親王（四辻宮、順徳上皇皇子）誕生	
1234	天福2	5	20		38	仲恭天皇（85代）、崩御	
		8	6			後堀河天皇（86代）、崩御	
1238	暦仁元	12	28			九条任子（後鳥羽上皇中宮）、崩御	
1239	延応元	2	15		43		一遍（時宗開祖）誕生
		2	22			後鳥羽上皇、隠岐で崩御	
1240	仁治元	1	24		44		北条時房、死去
1241	仁治2	8	20		45		藤原定家、死去
1242	仁治3	1	9		46	四条天皇、崩御	
		1	20	後嵯峨		後嵯峨天皇即位	
		6	15				北条泰時（三代執権）、死去
		9	12			順徳上皇、佐渡で崩御	
1243	寛元元	3	29			諦子内親王（順徳上皇皇女）、薨去	
		4	28			近習藤原康光、順徳上皇の御遺骨を抱いて佐渡出立	
		5	13			康光、御遺骨を大原法華堂に安置す	
		6	10			後深草天皇（89代）誕生	
		9	18			大炊御門麗子（土御門天皇中宮）、崩御	
1246	寛元4	1	29	後深草		後深草天皇即位	
1247	宝治元	12	21			順徳上皇皇太后東一条院立子、崩御	
							三浦泰村の乱。有力御家人ほぼ衰滅
1249	建長元	7	20			順徳院の諡号が贈られる	
1252	建長4	2	21			九条道家、薨去	
		4					宗尊親王、第六代鎌倉幕府将軍、初の皇族将軍

1252	建長4			後深草			『十訓抄』
1253	建長5						日蓮、鎌倉に法華宗を布教
							道元著『正法眼蔵』
1255	建長7	2	10			順徳院同母弟、雅成親王(六条宮)、薨去	
		6				平経高、死去	
1260	文応元	11	26	亀山		亀山天皇(90代)即位	
							フビライ・ハン、モンゴル帝国大ハーンとなる
							日蓮著『立正安国論』
1264	文永元	5	23			順徳院異母弟、頼仁親王、薨去	
		8	29			順徳院生母、修明門院重子、薨去	

〈著者略歴〉
山田 詩乃武（やまだ　しのぶ）
1959年、新潟県佐渡市真野新町生まれ。佐渡高校卒。青山学院大学経営学部第１部経営学科中退。
青山学院大学在学中、清水禮子助教授（当時）に師事し、スピノザ哲学を学ぶ。新潟県立羽茂高校講師、学習塾経営を経て、現在複数の会社、団体の役員。佐渡の郷土史、主に人物に焦点を当てた研究を続け、『佐渡郷土文化』誌などに寄稿。新潟県佐渡市および東京都在住。

順徳天皇
御製で辿る、その凜烈たる生涯

令和３年５月10日　第１版第１刷発行
令和３年７月14日　第１版第２刷発行

著　者　　山田 詩乃武

発　行　　株式会社ＰＨＰエディターズ・グループ
〒135-0061　東京都江東区豊洲5-6-52
☎03-6204-2931
http://www.peg.co.jp/

印　刷
製　本　　シナノ印刷株式会社

ISBN978-4-909417-77-0